먹을거리 놀잇거리
가득한
명절

한눈에 펼쳐 보는 전통문화 ❶
먹을거리 놀잇거리 가득한 명절

초판 1쇄 발행 2011년 8월 1일
초판 13쇄 발행 2020년 12월 4일
개정판 1쇄 발행 2021년 7월 15일
개정판 3쇄 발행 2024년 1월 25일

글 주영하 그림 지문
발행인 양원석 발행처 (주)알에이치코리아 (등록 2004년 1월 15일 제2-3726호)
주소 08588 서울시 금천구 가산디지털2로 53, 20층(한라시그마밸리)
편집문의 02-6443-8921 도서문의 02-6443-8800
홈페이지 rhk.co.kr 블로그 blog.naver.com/randomhouse1 포스트 post.naver.com/junior_rhk
인스타그램 @junior_rhk 페이스북 facebook.com/rhk.co.kr

ISBN 978-89-255-7992-4 (74380)
ISBN 978-89-255-4384-0 (세트)

제조자명 (주)알에이치코리아 | 제조국명 대한민국 | 사용연령 8세 이상
※ 종이에 손이 베이거나 모서리에 다치지 않게 주의하세요.
※ 잘못 만들어진 책은 구입하신 곳에서 바꾸어 드립니다.

한눈에 펼쳐 보는 전통문화 ❶

먹을거리 놀잇거리 가득한
명절

글·주영하 그림·지문

주니어 RHK

시리즈 소개
한눈에 펼쳐 보는 전통문화

조상 대대로 내려온 소중한 문화가 담겨 있습니다!

〈한눈에 펼쳐 보는 전통문화〉는 한국인으로서의 긍지와 뿌리를 심어 주는 시리즈입니다. 슬기로운 조상들의 소중한 삶의 지혜를 엿볼 수 있고, 아름답고 자랑스러운 우리 전통문화 유산을 두루두루 살필 수 있지요. 우리나라만의 특색을 갖춘 전통문화를 돌아보며 옛 조상들의 생활을 알아보세요.

재미있는 이야기와 풍부한 정보가 가득합니다!

조상들의 생활과 풍습에 관한 재미있는 이야기, 역사와 문화재에 대한 올바른 정보, 자랑스러운 국보와 과학 기술이 돋보이는 주거 생활, 다양한 도구들, 예로부터 전해져 내려오는 바른 먹을거리, 복식 문화 등 우리나라의 전통문화를 총망라하여 내용을 구성하였습니다.

쉽고 자세한 그림으로 어린이들의 이해를 돕습니다!

이야기에 나오는 재미 위주의 장면보다는 정보 부분에 해당하는 그림만 수록하여 보다 쉽고 자세하게 전통문화 관련 정보를 익힐 수 있도록 했습니다. 특히 주제별로 하나씩 큰 그림들을 모아 책 속 부록으로 재구성한 '한눈에 펼쳐 보는 전통문화' 코너는 그림만 살펴보더라도 전통문화를 쉽게 파악하여 지식을 쌓을 수 있습니다.

한 편의 재미있는 이야기 속에
권별 주제와 관련된 정보가
알차게 담겨 있어요.

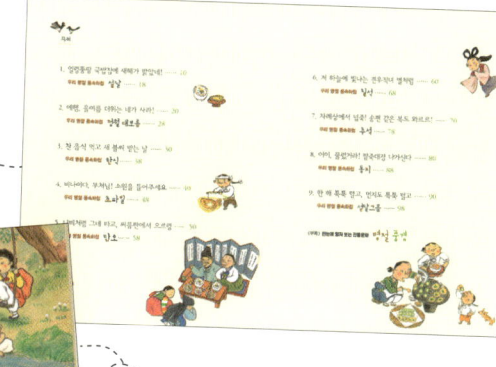

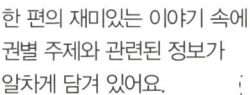

어린이들이 이해하기 쉬운 그림을 통해
전통문화를 설명하고 있어요.

이야기 속에 등장한 전통문화
관련 정보를 한눈에 파악할
수 있도록 구성하였어요.

〈교과연계표〉 먹을거리 놀잇거리 가득한 명절

학년	교과목	단원
1학년	2학기 [가을]	2. 현규의 추석
2학년	1학기 [국어]	3. 마음을 나누어요
3학년	2학기 [사회]	2. 시대마다 다른 삶의 모습
	[도덕]	1. 나와 너, 우리 함께
4학년	2학기 [사회]	3. 사회 변화와 문화의 다양성

차례

1. 얼렁뚱땅 국밥집에 새해가 밝았네! …… 10
   우리 명절 풍속화첩 **설날** …… 18

2. 에헴, 올여름 더위는 네가 사라! …… 20
   우리 명절 풍속화첩 **정월 대보름** …… 28

3. 찬 음식 먹고 새 불씨 받는 날 …… 30
   우리 명절 풍속화첩 **한식** …… 38

4. 비나이다, 부처님! 소원을 들어주세요 …… 40
   우리 명절 풍속화첩 **초파일** …… 48

5. 나비처럼 그네 타고, 씨름판에서 으르렁 …… 50
   우리 명절 풍속화첩 **단오** …… 58

6. 저 하늘에 빛나는 견우직녀 별처럼 …… 60
   우리 명절 풍속화첩 **칠석** …… 68

7. 차례상에서 넙죽! 송편 같은 복도 와르르! …… 70
   우리 명절 풍속화첩 **추석** …… 78

8. 어이, 물렀거라! 팥죽대장 나가신다 …… 80
   우리 명절 풍속화첩 **동지** …… 88

9. 한 해 툭툭 털고, 먼지도 툭툭 털고 …… 90
   우리 명절 풍속화첩 **섣달그믐** …… 98

〈부록〉 한눈에 펼쳐 보는 전통문화 **명절 풍경**

여는 글
먹을거리 놀잇거리 가득한 명절 이야기

여러분에게 명절은 어떤 날인가요? 맛있는 걸 먹는 날로 기억할 수도 있고, 아니면 넙죽 절하고 세뱃돈을 받는 날로 기억할 수도 있을 거예요. 그런데 명절은 자연의 변화와 깊은 관련이 있어요. 우리 민족은 농사를 주요 생업으로 삼았기 때문에 계절의 순리에 맞춰 독특한 절기 행사를 치렀어요. 농사철 주요 시기마다 풍년을 기원하며 하늘에 복을 비는 마을 행사들이 점점 명절의 형태로 자리를 잡게 된 거지요.

이러한 명절은 가족과 이웃이 서로 힘을 합쳐 음식을 장만하고 즐거운 놀이를 통해 서로의 친목과 화합을 다지는 날로 발전했어요. 그리고 조상님께 예의를 갖춰 차례 인사를 하며 가풍을 다지고 한 해 동안 가족의 건강과 복을 빌기도 했지요.

여러분은 명절에 새 옷을 입고 풍성하게 차려진 식탁에서 맛있는 음식

을 마음껏 먹은 기억이 있을 거예요. 또한 자주 보지 못했던 친척들과 가족들끼리 한데 모여 도란도란 이야기를 나누기도 했을 거고요. 이처럼 넉넉하고 풍성한 명절 풍습을 이제 옛날이야기로 만나 보아요.

《먹을거리 놀잇거리 가득한 명절》은 한 해 명절 동안 펼쳐지는 두 처녀 총각의 사랑 이야기예요. 양반댁 아씨를 사랑하게 된 놀이꾼 마루 형과 이룰 수 없는 사랑에 애태우는 진사댁 설리 아씨가 사랑 이야기의 주인공이랍니다. 그리고 이들의 사랑을 가장 많이 도와준 종두와 국희, 인정 많고 사람 좋은 국밥집 곰방댁이 알콩달콩 한 해 명절을 기쁨과 사랑으로 물들여 가지요.

이제 여러분도 눈과 마음을 크게 열고 이들의 이야기를 따라가 보도록 해요. 그간 몰랐던 명절 풍습에 저절로 머리를 끄덕일 거예요.

설날

얼렁뚱땅 국밥집에 새해가 밝았네!

"요, 허랑방탕 꼬맹이 녀석! 이렇게 바쁜데 또 어디 엎어져 있누."

설날 아침, 곰방댁의 얼렁뚱땅 국밥집에도 새해가 밝았어요. 곰방댁은 손님들에게 떡국 그릇을 나르다가 이른 아침부터 슬그머니 사라진 종두를 찾고 있는 중이에요.

종두는 일찍 엄마 아빠를 여의어 어렸을 때부터 곰방댁의 국밥집에서 살았어요. 곰방댁은 종두에게 사랑을 듬뿍 주었지요. 오늘은 새해라서 종두는 아침 일찍 일어나 예쁜 설빔을 입고 곰방댁에게 세배를 했어요. 종두가 넙죽 절을 하자 곰방댁이 호호호 웃었지요.

설빔과 세배

새해가 되면 어른도 아이도 새해 첫 옷을 입어요. 이 옷을 '설빔'이라고 불러요. 특히 아이들은 알록달록 색깔 고운 색동옷을 입었어요. 이렇게 옷을 차려입고 난 뒤 어른들께 한 해 건강과 복을 기원하며 큰절로 넙죽 인사 드리는 걸 '세배'라고 해요. 세배를 하면 어른들도 "올해는 건강하거라.", "올해는 더 큰 꿈을 가지거라." 등의 덕담과 함께 세뱃돈을 주시지요.

떡국
떡국은 새해 아침에 가족끼리 둘러앉아 새해 복을 기원하며 먹는 대표적인 설음식이에요.

"오냐, 종두도 새해 복 많이 받고 올해는 철들어서 이마 부스럼도 벗거라."

오늘 곰방댁은 장사하러 먼 길을 나섰다가 잠시 국밥집에 들러 엄동 추위를 녹이러 온 손님들을 위해 설날을 맞아 떡국을 준비했어요. 그래서 손이 열 개라도 모자랄 지경이었지요. 그런데 종두는 세배를 하고 국밥집 문을 열기가 무섭게 어딘가로 슬그머니 사라져 버렸어요. 곰방댁은 그런 종두가 얄밉기만 했어요.

종두를 한참 찾던 곰방댁은 솥뚜껑을 시원하게 열어젖히고는 다시 떡을 쏟아부었어요. 김이 무럭무럭 피어오르면서 한 솥 가득 떡국이 끓기 시작했어요. 떡국은 고기를 푹 삶아 맑게 우려낸 국물에 길쭉한 가래떡을 숭덩숭덩 썰어 넣고 끓인 다음, 그릇에 담아 맛있게 양념한 고기 고명과 지단을 곁들이는 음식이에요. 곰방댁은 국자로 떡국을 휘휘 저으면서 중얼거렸어요.

"에이, 종두 요 녀석은 해가 바뀌어도 여태 철이 없구나. 쯧쯧."

설날에는 재밌는 놀이가 많아요

제기차기
남자아이들이 하는 놀이로 엽전이나 구멍 뚫린 쇠붙이 중간에 얇은 한지를 끼워 넣어 갈래갈래 너풀대게 만든 다음 발로 차면서 즐기는 놀이예요. 발 들고 차기, 양발 차기, 외발 차기, 뒷발 차기 등 다양한 기술이 있어요. 차는 횟수가 많은 사람이 이겨요.

널뛰기
고려 때부터 있었던 여자들의 대표적인 새해 놀이예요. 긴 널빤지 가운데 밑을 짚단이나 가마니로 괴어서 시소처럼 만든 다음 양 끝에 한 사람씩 올라서요. 두 사람이 마주 보고 번갈아 뛰면 서로 반동으로 튀어 오르게 되지요.

윷놀이
둥근 통나무 토막을 반으로 쪼개서 윷가락 네 개를 만든 다음, 이 네 개의 윷가락을 말 삼아 던져 승부를 겨루는 놀이예요. 이 놀이는 가족끼리, 이웃끼리, 남녀노소가 함께 즐겼어요.

그런데 오늘처럼 바쁜 날, 종두는 대체 어딜 간 걸까요?

곰방댁이 분주하게 손님을 맞는 동안 종두는 곁방에 게으르게 누워 있는 마루 형을 찾아갔어요.

"대장, 대장, 떡국 먹어!"

종두는 곰방댁 몰래 챙긴 떡국 한 그릇을 쟁반에 받쳐 들고는 마루 형한테 내밀었어요.

"에헴, 나는 안 먹는다."

이상하게 마루 형은 얼이 빠진 것처럼 보였어요. 평소라면 막걸리 한 잔을 쭉 들이켜고는 곰방댁 일손을 도왔을 텐데 말이지요. 마루 형은 놀이마당에서 노래도 하고, 꽹과리도 치며 흥을 돋워 주는 놀이꾼이거든요. 그런데 오늘 아침나절에 진사댁을 다녀온 뒤부터는 저렇게 통나무처럼 누워만 있었어요.

종두는 마루 형의 눈동자가 희번덕거리는 게 혹시 열병이라도 났나 싶어 눈꺼풀을 마구 뒤집어 보았어요.

"어어, 대장 눈에 황달 기가 돈다. 아침에 똥 못 눴남?"

"에이, 저리 가라. 어린놈이 이팔청춘 총각 속을 어찌 아누?"

마루 형은 다시 앵돌아서 벽만 바라보았어요. 그런데 잠시 후 벌떡 일어나서는 눈을 반짝이며 종두를 바라보았어요.

"맞다, 종두야, 너 진사댁 국희 잘 알지? 왜 그 댁 어여쁜 외동 따님의 몸종 아이 말이다."

"아, 어버버버 말하는 국희? 걔는 왜?"

마루 형은 주변을 두리번두리번 둘러보더니 종두의 귀에 대고 속삭였어요.

"전쟁 나면 중요한 문서를 전달하는 사람 있지? 그 사람을 전령이라고 해. 네가 국희한테 편지를 전하는 전령 좀 하거라."

"어떤 전령?"

"이건 비밀이다. 다른 사람한테 말하면 넌 사내도 아니다. 알았지?"

마루 형이 종두의 귀에 대고 한참 자초지종을 말했어요. 형의 이야기를 듣는 종두 눈이 점점 솥뚜껑처럼 커졌어요.

"설리 아씨?"

"쉿!"

마루 형이 손으로 덥석 종두의 입을 막더니 속삭였어요.

"그렇다. 내 그 아씨를 연모하게 되었다. 그러니 설리 아씨한테 편지 좀 전해 다오."

"대장, 새해 벽두부터 어디 아프나? 거긴 양반 댁 아씨다."

"좋아하는 마음에 양반 상놈이 어딨느냐. 그래, 할 테냐 말 테냐?"

"그럼 대장은 뭐 해 줄 건데?"

한참 고민하던 마루 형이 머리를 긁적대다가 손바닥을 딱 쳤어요.

"오냐, 설날이니 양반 댁 차례상 이야기를 해 주마. 안 궁금하나?"

종두의 눈이 다시 휘둥그레졌어요.

1열
숟가락과 젓가락을 올린 시접과 술잔을 놓고 떡국을 올려요.

2열
어동육서(魚東肉西): 생선은 동쪽에 놓고, 고기는 서쪽에 놓아요.
두동미서(頭東尾西): 생선 머리는 동쪽, 꼬리는 서쪽에 두어야 해요.

3열
탕류: 생선탕, 두부탕, 고기탕 같은 탕을 놓아요.

4열
좌포우혜(左脯右醯): 왼쪽 끝에 포를 놓고, 오른쪽 끝에는 식혜를 놓아요.

5열
조율이시(棗栗梨柿): 왼쪽부터 대추, 밤, 배, 곶감 순으로 놓아야 해요.
홍동백서(紅東白西): 붉은 과일은 동쪽, 흰 과일은 서쪽에 놓아요.

 조상님께 차례를 지내요!

차례는 설날과 정월 대보름, 추석 같은 큰 명절에 온 가족이 모여서 조상님께 드리는 인사예요. 차례상에는 올리는 음식 종류와 음식을 놓는 순서가 정해져 있어서 정성을 기울여야 하지요.

"우아, 형은 양반 댁 차례도 봤나? 거기는 맛있는 거 많나?"

마루 형은 '에헴' 하고 목을 가다듬더니 노래하듯 읊조리기 시작했어요.

"차례상은 상다리가 부러져야 미덕이니 푸짐하게 올리는 게 우선이라. 하지만 이것도 다 순서가 있으니 색깔별로 종류별로 다 정해진 법칙이 있느니라. 까다롭기도 까다로워, 과일 중에 복숭아는 쓰지 않고, 생선도 삼치, 갈치, 꽁치처럼 '치' 자가 든 것은 쓰지 않는구나. 모든 음식에는 고춧가루와 마늘 양념은 빼야 하느니."

종두는 머리가 어질어질했어요.

"우아, 복잡하다!"

종두가 신나게 듣고 있는데, 바깥에서 "이리 오너라아~!" 하는 소리가 들렸어요. 혹여 양반 어르신이라도 왔나 싶어 두 사람은 곁방을 빠져나와 국밥집 마당을 내다보았어요.

그런데 도포 자락을 날리면서 들어온 사람은 다름 아닌 진사댁 오 서방이었어요. 곰방댁은 매일 진사댁 이름을 걸고 외상 음식을 먹는 오 서방이 미운지 눈에 쌍심지를 바짝 켰어요.

"누더러 오라 가라요, 바쁭게 할 말 있음 얼릉 하고 가씨요."

"이보오, 곰방댁, 냄새가 좋소이다. 거, 설인데 나는 떡국 한 그릇 안 주려나?"

"나는 뭐 땅 파서 떡국 만드는 줄 아씨요? 엽전이 없으면 그 복조리라도 내놓으시구려."

곰방댁은 오 서방의 허리춤에 찬 복조리를 가리키며 말했어요. 그러자 오 서방이 시침을 뚝 떼는 거예요.

한 해 복을 가득 담은 복조리 사세요!
새해 첫날 새벽이 되면 골목마다 복조리 장수들이 다녔어요. 우리 조상들은 새해 첫날에 복조리를 사서 벽에 걸어 두면 그해 나쁜 운은 걸러지고 좋은 운만 남는다고 생각했어요.

"어허, 이건 오늘 내가 새벽녘에 제일 먼저 달려 나가 산 복조리이거늘."

곰방댁은 다시 오 서방을 째려보았어요.

"이보오, 삼촌, 떡국에는 떡만 들어간 게 아니요. 한 살 더 먹었으니 한 살 더 철들라는 하늘님 꾸중도 들어가는 거요. 그러니 삼촌도 철 좀 드씨요, 철 좀."

"이 여편네가! 내가 왜 아줌씨 삼촌이요?"

"눈 두 개, 코 하나, 입 하나 달렸응게 다들 이웃사촌 아닐랑가? 여기서 눈 두 개, 코 하나, 입 하나 안 가진 사람 있으면 나와 보소!"

그 말에 사람들이 와하하 웃었어요. 무안해진 오 서방은 헹 하고 코를 풀더니 엽전 한 닢을 곰방댁에게 건네고는 도포 자락을 툭 치며 자리에 앉았어요. 맛있는 냄새에 오 서방의 코가 저절로 벌름거렸어요.

"허, 거참, 냄새가……."

그 모습을 본 마루 형과 종두는 서로 마주보며 눈을 찡긋했어요. 이제 둘만의 비밀이 생긴 거예요.

까치
까치는 설날을 상징하는 새로, 예로부터 많은 사랑을 받았어요. 까치가 울면 반가운 손님이 온다고 하는데, 특히 설날에 우는 까치는 한 해의 복을 몰고 온다고 해요.

떡 만들기
설날이면 꼭 떡국을 먹어요. 쌀가루를 곱게 빻아 증기에 찐 후 커다란 망치로 번갈아 두드려요. 이렇게 떡을 내리치는 망치를 '떡메'라고 하는데, 많이 두드릴수록 떡이 쫄깃쫄깃해지지요.

정월 대보름

에헴, 올여름 더위는 네가 사라!

1년 중에 가장 크고 둥근 달이 뜨는 대보름날 새벽이에요. 설날이 지난 지 15일 만에 또 하나의 큰 명절이 다가온 거지요. 국희는 설리 아씨가 머무르는 별채 마당을 쓸고 있었어요. 아씨가 일어나기 전에 마당을 깨끗이 청소하는 것도 국희의 하루 일과였거든요.

그런데 흥얼흥얼 박자를 맞춰 가며 신나게 비질을 하는 국희의 뒤로 갑자기 호통 소리가 들려왔어요.

"누가 대보름 아침부터 방정맞게 비질을 하누!"

집안일을 맡아서 관리하는 오 서방이 지나가다가 국희의 머리를 콩 쥐어박았어요.

"대보름 아침에 마당 쓸면 한 해 복이 달아나는 것도 모르느냐! 지금 음식 차림이 한창인데 부엌에 가서 일손이나 돕지 않구선! 에잉, 골칫덩어리!"

오 서방의 타박에 국희는 혹이 난 머리를 감싸고 눈물을 글썽거렸어요. 그때 안방 장지문 너머로 카랑카랑한 목소리가 들려왔어요.

"아침부터 별채에서 목소리를 높이는 게 누군고?"

그 목소리에 국희의 얼굴이 금세 환해졌어요. 아씨의 호통에 놀란 오 서방이 "아이고, 쥐 한 마리가 들어와설라무네." 하고 우물대더니 까치발로 살금살금 도망쳐 버렸어요.

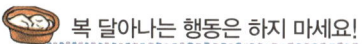

복 달아나는 행동은 하지 마세요!

명절은 한 해 농사의 풍년을 기원하고 가족들의 건강과 행복을 비는 중요한 날이었어요. 그래서 해야 할 일과 동시에 하지 말아야 할 일들이 있었지요. 대보름날도 마찬가지예요.

빨래 널기
대보름날 빨래를 하면 곡식이 병충해로 하얗게 변하고, 빨래를 널면 논에 황새가 날아들어 논농사를 망친다고 생각했어요.

마당 쓸기
우리 조상들은 대보름 아침에 마당을 쓸면 복이 나간다고 여겨서 마당은 해가 중천에 솟은 다음 쓸고, 비질을 할 때도 마당 안쪽을 향하게 쓸었어요.

머리 빗기
대보름날 머리를 빗으면 한 해 동안 비듬과 이가 많이 생기고, 콩밭에 잡초가 무성해져서 밭농사를 망친다고 믿었어요.

"국희야, 괜찮아?"

아씨가 장지문을 열고 마당을 빼꼼 내다보았어요. 국희는 함박웃음을 지으며 고개를 끄덕이더니 비질하던 손을 앞치마에 쓱쓱 닦고는 앞치마 주머니에 넣었어요. 그러고는 무언가를 꺼냈어요. 활짝 펼친 국희의 두 손바닥에는 껍질을 안 벗긴 땅콩이 수북하게 있었어요.

"어머! 부럼이구나. 부엌에서 몰래 가져온 게야?"

국희는 고개를 크게 끄덕였어요.

설리 아씨는 싱글벙글 웃고 있는 국희한테 살짝 눈을 흘겼어요.

"얘, 아버지 아시면 혼난다. 아직 대보름 차례도 안 지냈는걸."

하지만 아씨는 결국 땅콩 하나를 집어서 콕 하고 깨물었지요. 바삭 소리가 나면서 고소한 땅콩 알이 나타났어요.

"국희 덕에 올해 부스럼은 멀리 갔네."

설리 아씨가 땅콩 껍질을 마당에 버리고는 생긋 웃었어요. 그 모습을 지켜보는 국희의 얼굴에도 웃음이 번졌어요.

같은 시간, 얼렁뚱땅 국밥집에서는 종두와 마루 형이 북적대는 구석에 앉아 밥을 먹고 있었어요. 오늘 두 사람의 밥공기에는 평소처럼 흰밥이 아니라 색색의 예쁜 밥이 담겨 있었어요. 정월 대보름에 먹는 오곡밥이었어요.

오곡밥은 쌀, 찹쌀, 보리, 콩, 팥, 수수, 조 등 다섯 가지 곡식을 섞어 짓는 밥인데, 곰방댁은 올해도 참 맛있게 지었어요.

정월 대보름에 하는 행사

더위팔기
정월 대보름 아침이 되면, 종종 사람들이 서로 모른 체하는 이상한 풍경이 펼쳐져요. 친구가 "삼돌아!" 하고 불러서 "왜?" 하고 돌아보면 "내 더위 사라!" 하기 일쑤였거든요. 이렇게 대보름 아침에 누군가에게 더위를 사라고 말하면 그해 여름에 더위를 안 탄대요.

내 더위 사라!

귀밝이술 마시기
정월 대보름 아침에 귀밝이술을 마시면 일 년 내내 좋은 소식만 듣게 된대요.

부럼 깨기
우리 조상들은 정월 대보름 아침이면 꼭 땅콩, 호두, 잣, 은행처럼 딱딱한 껍데기를 가진 부럼을 깨 먹었어요. 정월 대보름날 아침에 나이 수대로 부럼을 깨물어 먹고 껍데기를 마당에 던지면 한 해 부스럼 병이 도망간다고 해요.

"옛다~, 올여름 내 더위는 종두 네가 가져가렴."

마루 형이 종두한테 말했어요. 그러자 종두가 고소한 나물 반찬을 우물대다가 투덜거렸어요.

"왜 대장 더위를 내가 사나? 나는 저어기 복순이한테 내 더위 다 줬다."

종두는 곰방댁이 국밥집에서 키우는 흰 복슬강아지를 가리켰어요. 그때 마루 형이 손바닥으로 방패를 만들어 속삭였어요.

"올해만 가져가라. 난 설리 아씨 더위를 사야 할 모양이니, 에헴."

두 사람이 투닥대며 오곡밥을 먹는 동안 주변에는 술잔이 돌고 있었어요.

정월 대보름에 먹는 대표 음식

정월 대보름에는 밤, 은행, 수수, 팥, 조, 콩, 찹쌀, 보리 같은 곡식 중에 5가지를 골라 만든 오곡밥을 먹어요. 여기에다가 겨우내 말려 놓은 호박, 가지, 시래기 같은 묵은 나물로 만든 반찬을 곁들여 먹었어요. 특히 오곡밥은 세 집 이상의 밥을 맛봐야 좋다고 해서 각자 지은 밥을 이웃끼리 나눠 먹기도 했어요.

"아침부터 웬 약주들이람?"

종두는 궁금했어요.

"대보름 아침에 청주 한 잔을 데우지 않고 마시면 귀가 밝아지고 일 년 내내 좋은 소식을 듣는다는 말이 있지. 그래서 나이 든 분들은 아침이면 귀밝이술을 마시는 거야."

"그럼 형은 안 마셔? 혹시 좋은 소식을 들을 수도 있잖아."

종두는 몇 번이나 국희를 통해 마루 형의 편지를 전했지만 지금껏 답장이 온 적은 없었어요. 마루 형은 오늘도 아씨를 생각하는 모양이에요. 하지만 종두는 양반 댁 아씨가 형한테 관심을 가질 리 없다고 생각했어요. 그래서 언젠가는 아씨를 만나게 될 거라고 굳게 믿는 마루 형이 신기하기만 했어요.

그날 오후 종두와 마루 형은 종일 곰방댁의 일손을 도왔어요. 곰방댁은 목소리가 얼마나 큰지 기차 화통을 삶아 먹은 것 같아요. 온종일 "그릇 부셔라, 쌀통 채워라, 밥 퍼라." 하는 통에 저녁이 되자 둘은 파김치가 되었지요.

저녁달이 떠오르자 손님들은 다들 달맞이를 하러 갔어요.

마루 형이 곰방댁한테 말했어요.

"아줌니, 내 오늘은 쥐불놀이도 아니 하고, 밤에도 못 들어올 거요."

"으응? 쥐불놀이를 안 돕고 어데를 간담?"

곰방댁이 놀란 눈으로 물었어요. 쥐불놀이는 대보름날에 하는

달집태우기와 쥐불놀이

날이 어두워지고 보름달이 뜨면 뒷동산에 나무를 쌓아 만든 '달집'에 불을 붙여요. 달집은 보름달을 맞이하고 한 해의 무사태평을 기원하지요. 이 달집이 활활 타면 이번에는 깡통에 나무를 넣어 불을 옮겨 담아 논과 밭에 불을 놓는데, 이게 바로 '쥐불놀이'예요. 이렇게 논과 밭을 태우면 곡식을 갉아 먹는 해충들과 쥐들을 쫓을 수 있어요. 게다가 타고 남은 재가 거름이 되어 한 해 곡식이 잘 자라게 되지요.

대표 행사로 마른 논에 불을 놓아서 한 해의 풍년을 기원하는 놀이예요.

마루 형은 해마다 이 쥐불놀이에서 노래도 부르고 아이들과 놀아 주었는데 오늘은 혼자 어디를 가려나 봐요. 종두는 마루 형과 떨어지기 섭섭해서 서둘러 말했어요.

"대장, 대장, 나도 같이 갈까나?"

"너는 쥐불놀이나 도와라. 형은 갈 데가 있다."

마루 형은 에헴 하고 종두를 남겨 두고 혼자 걸음을 옮겼어요. 평소 같으면 떼를 써서 따라갔겠지만, 오늘은 마루 형이 어디에 가려는지 알 것 같았어요. 오늘은 일 년 중 가장 큰 보름달이 뜰 테니 형은 높은 산에 올라서 달님께 정성스레 소원을 빌 거예요.

"쯧쯧, 뭘 잘못 먹어 저러누. 며칠 며칠을 얼빠진 수탉처럼 넋 놓고 있으니."

곰방댁이 걱정스러운 눈빛으로 마루 형의 뒷모습을 바라보았어요. 종두는 설리 아씨 이야기를 하고 싶어 입이 근질근질했지만 꾸욱 참았어요. 그건 형과 종두만의 비밀이니까요. 아, 이 사실을 알고 있는 한 사람이 더 있긴 해요, 바로 국희지요!

그런데 신기한 일이 벌어졌어요. 달을 보며 국희 생각을 하자마자 저만치 싸리문 너머로 국희가 짠 하고 나타난 거예요. 국희는 어서 나오라는 듯이 종두를 향해 크게 손짓을 했어요.

종두는 곰방댁이 없나 살펴본 뒤 재빨리 싸리문 밖으로 나갔지요. 국희가 종두의 손을 끌고 국밥집 곳간 그늘에 몸을 숨겼어요. 종두가 서둘러 물었어요.

"그래, 그래, 어찌 되었어?"

그때 국희가 침을 꿀꺽 삼키더니 조심스럽게 앞섶에서 뭔가를 꺼내 건넸어요. 그걸 보는 순간 종두는 눈이 휘둥그레졌지요.

예쁜 비단실로 묶은 길쭉한 봉투는 다름 아닌 편지였어요. 설리 아씨한테서 드디어 답장이 온 거예요!

우리 명절 풍속화첩 정월 대보름

음력 1월 15일, 새해 첫 보름달이 떠오르는
정월 대보름날에는 둥근달 아래 온 세상이
환하게 빛나지요.
너도나도 달맞이를 하며 소원을 빌어요.

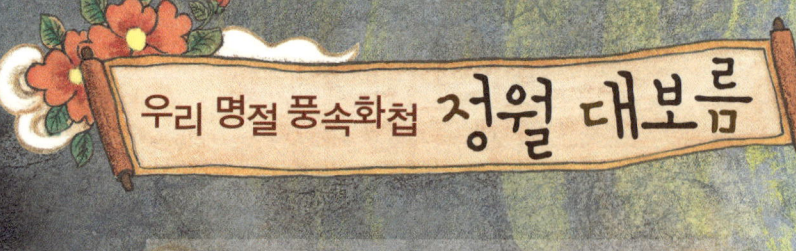

달맞이

둥근달이 두둥실 떠오르면 어른 아이 할 것 없이 뒷동산에 올라요. 보름달을 가장 먼저 보는 사람이 제일 큰 복을 받는대요. 이날 소원을 빌면 달님이 들어준다고 해요. 《동국세시기》라는 오래된 역사책에도 '초저녁에 햇불을 들고 높은 곳에 올라 달맞이한다.', '먼저 달을 보는 사람이 재수가 좋다.'라는 글귀가 적혀 있어요.

풍물놀이

보름달은 풍년을 기원하는 우리 농민들의 마음과 같았어요. 달이 크게 뜨면 다들 한 해 농사가 잘되기를 빌며 신나게 춤추고 꽹과리나 장구 같은 전통 악기를 연주했지요.

한식

찬 음식 먹고
새 불씨 받는 날

　　　　　　　차가운 꽃샘추위도 물러가고 봄바람이 살랑대는 4월이 왔어요. 종두는 동이 틀 무렵 오줌이 마려워 일어났어요. 뭔가 허전해서 옆을 보니 마루 형이 없었어요. 이 시간이면 대자로 누워 코를 드르렁거리고 있어야 하는데 말이에요.

　부스스 일어난 종두는 뒷간에 가서 볼일을 본 후 부엌으로 갔어요. 곰방댁이 아궁이 앞에서 꾸벅꾸벅 졸고 있는 게 보였어요. 요즘 곰방댁은 봄철 졸음 때문에 새벽 장사 준비를 하다 말고 자꾸 졸아요. 저번에도 아궁이에서 깜빡 곯아떨어지는 바람에 치마 끝을 활활 태워 먹었지요.

　그런데 뭔가 이상해요. 한창 설렁탕 끓이기에 바쁠 시간인데 오늘은 아궁이에 불씨가 없는 게 아니겠어요? 놀란 종두는 곰방댁을 깨웠어요.

"아줌니, 아줌니, 아궁이가 꺼졌어요!"

그때 누군가 '쉿!' 하면서 종두의 옷자락을 잡았어요. 돌아보니 등에 커다란 봇짐을 멘 마루 형이었어요. 형이 쯧쯧 혀를 찼어요.

"이 녀석, 곧 지게 질 나이이거늘 아직 한식도 모른단 말이냐. 오늘은 찰 한(寒), 밥 식(食), 그러니까 찬밥을 먹는 날이다. 그래서 아궁이에 불을 때면 안 되니 일부러 꺼 놓은 게야. 오늘은 온 동네 아궁이가 전부 차가울 게다."

말을 마친 마루 형은 뒷짐을 지고는 부엌 문지방을 나서려 했어요. 종두는 서둘러 형의 커다란 봇짐을 잡고 물었어요.

"그런데 대장은 꼭두새벽부터 어디를 가나?"

"갈 데가 있느니라. 따라오려느냐?"

"바늘 가는 데 실이 안 가는 법도 있남?"

종두는 신이 나서 풀쩍 자리에서 뛰어올랐어요.

어디 재밌는 곳을 가나 싶어 따라가 봤더니 도착한 곳은 다름 아닌 무덤가였어요. 마루 형도 종두처럼 어렸을 때 아버지가 돌아가셔서 형은 명절 때 종종 이렇게 아버지 무덤을 찾았어요.

"대장, 오늘은 무슨 일로 무덤에 왔나?"

종두가 물었어요.

"찬 겨울이 지났으니 겨우내 말라 있던 무덤도 새 옷이 필요하지."

마루 형이 봇짐에 한가득 지고 온 것은 알고 보니 잔디였어요. 형은 군데군데 흙이 드러난 곳에 새 잔디를 입히기 시작했어요. 종두도 마루 형을 도와 열심히 잔디를 깔았지요.

점심시간이 다가올 무렵, 두 사람의 옷은 흙 범벅이 되었어요. 두 사람은 새 옷을 입은 무덤을 향해 넙죽 절을 했어요. 이제 한철 내내 이 무덤은 푸르른 잔디로 뒤덮여 있을 거예요. 비록 돌아가신 분이지만 새 옷을 선물한 것 같아서 종두는 기분이 좋았어요.

봄을 맞아 무덤에 새 옷을 입히는 개사초
옛 어른들은 무덤에 잔디를 다시 까는 것을 '떼 입힌다'라고 했어요. 특히 한식에 맞춰 떼를 새로 입히는 것을 '개사초'라고 했지요. 한식은 봄 무렵이기 때문에 겨울 동안 얼었다 녹았다 하면서 헐벗은 무덤을 다시 손보기에 적당한 날이었어요. 게다가 한식은 '귀신이 꼼짝 않는 날'로 여겨 산소에 손을 대도 탈이 없는 날이라고 여겼지요.

종두와 마루 형은 흐뭇한 기분으로 산에서 내려와 마을로 향했어요. 밭에는 농부들이 그득했어요. 겨우내 텅 비어 있던 들판에 사람들이 많아지니 종두는 괜히 신이 났어요.

"한식이라 다들 씨를 뿌리는구나."

마루 형이 군데군데 펼쳐진 논과 밭을 바라보며 말했어요. 한식은 차가운 음식을 먹는 날이기도 하지만, 봄의 시작을 알리는 반가운 명절이기도 해요. 그래서 한식이 되면 농부들도 봄을 맞이하여 논밭에 씨앗을 뿌렸지요. 그러면 여름 나절 채소와 곡식들이 울창하게 자라는 거예요.

종두와 마루 형은 밭에서 씨앗을 뿌리는 농부들과 마주칠 때마다 손을 흔들었어요. 늦은 점심시간이라 새참을 먹는 농부들의 모습을 보니 종두도 꼬르륵 배가 고팠어요.

얼렁뚱땅 국밥집은 여전히 손님들로 북적거렸어요. 성묘를 하고 온 양반들부터 씨뿌리기를 마친 농부들까지 반상을 앞에 놓고 한창 배를 채우고 있었지요. 배가 고파 부엌으로 뛰어든 종두에게 곰방댁이 꽥 고함을 질렀어요.

"요 애물단지 녀석, 새벽 댓바람부터 어딜 갔다 온 게야. 명절은 손이 모자란다고 늘 말하지 않았누?"

"아줌니, 나 배고프다. 밥부터 주세요."

종두가 졸라 대자 눈을 흘기던 곰방댁이 못 이기는 척 밥그릇에 수

북이 밥을 퍼서 주었어요. 찬 음식을 먹는 날이라 그런지 밥도 찬밥, 국도 차가운 콩나물국이에요. 종두는 새벽바람에 오슬오슬 떨어서인지 뜨거운 설렁탕이 그리웠지만, 배가 몹시 고파서 찬밥도 꿀맛이었어요.

"설렁탕이었음 더 좋았을 텐데……. 왠지 찬밥 말아 먹으면 아무리 먹어도 배가 안 부르다. 형은 안 그러나?"

"이제 배가 좀 부른 모양이지? 찬밥, 더운밥 따지는 거 보니!"

"헤헤, 근데 왜 하필 한식에는 찬 음식을 먹어야 하나?"

종두는 한식날 찬 음식을 먹어야 하는 이유가 궁금했어요.

"너, 개자추라는 사람에 대한 이야기 들어봤나?"

"개자추? 뭔 이름이 그러나? 성이 개 씨라니……. 큭큭."

종두가 중국 진나라 때의 충신인 '개자추'의 이름을 갖고 놀리자 마루 형이 혀를 끌끌 찼어요.

"이런 무식한 녀석! 내가 개자추 얘기를 해 주마."

마루 형은 밥을 먹다 말고 노랫가락을 뽑아내듯 장단을 맞춰 이야기를 시작했어요.

"때는 언제인고 하니 중국 진나라의 왕 문공이 왕위에 오를 때 이야기라. 문공이 왕위에 오르는 것을 반대하던 이들이 문공의 목숨을 앗아 가려 뒤를 쫓았는데, 문공을 보위하는 무리 중에 개자추라는 신하가 있었으니. 이 개자추라는 인물은 몇 날 며칠을 굶은 문공에게

개자추의 충심을 기리는 날, 한식
한식은 설날, 단오, 추석과 함께 우리나라 4대 명절 중 하나로, 양력 4월에 다가오지요. 이날은 불을 피우지 않고 미리 만들어 둔 찬 음식을 먹는데, 이는 중국 진나라의 충신이었던 개자추의 혼령을 위로하기 위해서예요.

자신의 허벅지 살을 떼어 내 바칠 만큼 충성심이 대단했지.

훗날 문공이 왕위에 오르자 문공은 자신을 도운 신하들에게 금은 보화며 벼슬이며 포상을 해 주었는데, 그만 개자추를 빠뜨린 게야. 이에 개자추는 서로 자신의 공이라고 내세우는 신하들도 꼴 보기 싫고, 자신의 충성심을 몰라주는 왕에게도 실망하여 산에 들어가 자취를 감추고 말았거늘.

나중에 이 사실을 알게 된 문공이 그제야 개자추를 찾았으나 개자추는 산속에서 나오지를 않으니, 궁여지책으로 문공이 산에 불을 지르라 일렀는데, 아, 글쎄 이 개자추란 신하가 끝끝내 나오지 않고 불에 타 죽었지 뭔가.

 그리하여 사람들은 죽은 개자추의 충심을 기리며 그가 죽은 달에는 불을 때지 않고 찬 음식을 먹었는데 그게 지금의 한식이 되었다는 말씀!"

 이야기를 마친 마루 형은 목이 탔는지 콩나물국을 그릇째 들고 쭈욱 들이켰어요.

 그제야 종두도 고개를 끄덕이며 남은 밥을 가득 퍼 입에 넣으려는데 갑자기 밖이 수런거렸어요. 종두와 마루 형은 서둘러 나가 보았어요. 담장 너머로 진사댁 행렬이 지나가고 있었어요. 행차를 지켜보던 누군가가 말했지요.

 "며칠 전 저 댁 외동따님이 혼사를 받았다는구먼. 신랑감은 이웃 마을 귀한 댁 도령이라던데."

 "에휴, 곱게 키운 따님을 보내려면 진사 어르신 속 좀 끓이겠소."

 종두는 마루 형을 돌아보았지만, 형은 벌써 행렬을 따라가고 없었어요.

 그때 국밥집 싸리문이 활짝 열리더니 관복을 차려입은 관아 사람들이 들어와 크게 외쳤어요.

 "임금님께서 내린 새 불씨를 드리러 왔소이다!"

그 말에 사람들이 수런거렸어요. 곰방댁도 서둘러 앞치마에 젖은 손을 닦으며 부엌에서 뛰쳐나왔지요.

"아이고, 이제야 오셨구만이라. 올해 한식 불씨는 더 반가우니 임금님과 궁중에는 큰 복을, 민가에는 풍년을 기원하오!"

곰방댁이 정중하게 관아의 화로에서 뜨거운 불씨를 받자 모두들 흐뭇한 미소를 머금었어요. 종두는 새로 받은 불씨가 활활 타오르는 걸 보면서도 마루 형 걱정에 마음이 무거웠어요.

방방곡곡 고루고루 새 불씨를 나눠요!

한식은 한 해 동안 쓰던 불씨를 끄고, 새로운 불씨로 한 해를 맞이하는 날이기도 했어요. 한식 전날 또는 청명 날에 버드나무와 느릅나무를 비벼 새 불을 일으켜 임금에게 바치면, 임금은 다시 이 불을 정승, 판서, 문무백관, 360개의 고을 수령에게 나누어 주었지요. 그리고 이 불씨들은 한식에 백성들에게 골고루 나누어 주게 되지요. 이때 이 불씨들은 습기나 바람에 꺼지지 않도록 뱀 껍질이나 닭 껍질로 만든 단단한 불씨 통에 담겨서 팔도로 운반되었다고 해요.

우리 명절 풍속화첩 한식

차가운 밥과 국을 먹는 날 한식.
한식은 동지에서 105일째 되는 날로
양력 4월 5일이나 6일쯤에 찾아와요.
한식에는 불을 소중히 여겼던 우리 민족의
전통이 담겨 있어요.

찬밥 먹기

옛 조상들은 뜨거운 국,
갓 지은 밥처럼 뜨거운 음식을
좋아했어요. 하지만 아궁이에
불이 꺼진 한식날만큼은
찬 음식을 먹으며 새 불씨를
기다렸지요.

성묘

우리 조상들은 명절이 되면 돌아가신 부모님이나 조상님의 묘를 찾아가 인사를 드렸어요. 이렇게 무덤 앞에서 예를 차리고 무덤을 돌보는 걸 '성묘'라고 하지요. 한식에는 특별히 무덤의 잔디를 새롭게 돌보았는데 이를 '개사초'라고 해요.

> 초파일

비나이다, 부처님!
소원을 들어주세요

　　　　설리 아씨가 사는 진사댁은 며칠 전부터 축제 분위기였어요. 부처님이 태어나신 초파일이 다가오고 있었거든요. 많은 사람들이 불교를 믿었던 조선 시대에는 초파일이 큰 명절이었어요. 초파일이 다가오면 며칠 전부터 집마다 절마다 가게마다 부처님의 탄생을 축하하는 예쁜 등을 만들어서 달았지요.
　"밤이면 거리마다 예쁜 등불들이 가득하겠구나."
　설리 아씨가 봄 햇살이 내려앉은 마당을 바라보다가 문득 국희에게 물었어요.
　"참, 오늘 밤 외출 준비는 잘해 두었지?"
　국희는 걱정 말라는 듯이 고개를 끄덕였어요. 오늘 설리 아씨는 남

🪷 초파일의 핵심, 관등놀이

초파일에 벌이던 등(燈)놀이를 모두 합쳐서 관등놀이라고 해요. 형형색색 등을 들고 걷는 화려한 제등 행렬, 아이들이 종이를 오려서 만든 깃발을 들고 북을 치며 다니는 호기 놀이, 집집마다 예쁜 등을 다는 것도 모두 이 관등놀이의 한 부분이에요. 그 외에도 관등놀이에는 불꽃놀이나 딱총, 폭죽놀이도 포함되지요.
이렇게 등을 밝히는 건 부처님이 오셔서 자비로움과 빛을 준 것에 대한 감사와 축복을 의미해요.
요즘에는 이 등들이 연꽃 모양으로 통일되고 있지만, 옛날에는 연꽃 모양만 있었던 게 아니에요. 수박 등, 마늘 등, 참외 등, 잉어 등, 거북 등처럼 재미있는 등도 많았어요.

몰래 비밀스러운 계획을 짰어요. 집 안은 온통 축제 분위기이고 바깥도 사람들로 북적여서 눈에 띄지 않을 때 잠시 집 밖으로 나가 보기로 한 거예요. 바로 마루 형을 만나기 위해서지요. 이 때문에 며칠 전 국희는 종두를 만나 절에서 마루 형과 아씨가 만날 수 있도록 약속을 잡았어요.

설리 아씨는 아직도 마루 형을 처음 본 순간을 똑똑히 기억하고 있어요. 비록 양반 댁 도련님은 아니었지만 따뜻한 눈빛과 시원한 웃음이 설리 아씨의 가슴을 콩닥콩닥 뛰게 만들었지요.

'지금 그 사람은 어디서 무얼 하고 있을까?'

설리 아씨는 아직 불을 밝히지 않은 등을 바라보며 마루 형을 생각했어요.

같은 시각, 마루 형과 종두는 곧 축제가 펼쳐질 듯한 장안을 걷고 있었어요. 초파일 장안 풍경에 종두는 신이 났어요. 절로 향하는 행렬이 계속 이어졌고, 거리마다 정성스레 만든 등이 바람에 흔들리고 있었지요.

"어허, 이보시오. 척 보면 모르오? 우리 가게 등이 더 높지."

"이 사람 보게나. 저 꼭대기 비단 깃발까지 합치면 우리 집 등이 더 높지."

가게 주인들이 등대 높이를 두고 티격태격하는 중이에요. 초파일에는 등대를 더 높이 세운 가게의 장사가 더 잘된다고 믿었거든요. 그 모습을 본 마루 형이 외쳤어요.

"등대가 높으면 어떻고 낮으면 어떻소? 부처님은 모두에게 공평하게 복을 주신다오!"

그 말에 모여든 사람들이 박수를 쳤어요.

절 앞에 펼쳐진 성대한 장에는 온갖 신기한 장난감들로 가득했어요. 초파일에 엄마 아빠를 따라 절에 온 아이들이 장난감을 사 달라고 졸랐어요. 그 모습을 지켜보며 종두는 짐짓 어른인 체했어요.

모두가 함께 즐기는 초파일 놀이

우리 조상들은 어느 명절이든 놀이를 즐기는 일등 놀이꾼이었어요. 불교 문화권을 가진 다른 나라에서는 좀 더 엄숙하고 예의를 갖춰 초파일을 지내는 것과 달리 우리 조상들은 초파일을 모두가 어울려 축복하는 민속 축제로 여겼지요. 그래서 절에서 여는 탑돌이나 관등놀이 같은 불교 행사 외에도 장터나 공터에서 활쏘기, 씨름, 남사당패놀음 같은 다양한 놀이들을 즐겼어요.

"칫, 어린아이처럼 조르기는."

종두는 곰방댁이 쥐여 준 엽전 몇 닢으로 당당하게 꼭두각시 인형을 하나 샀어요.

"대장, 나도 이 꼭두각시로 연습해서 형처럼 훌륭한 놀이꾼이 될 거다."

그 말에 마루 형도 고개를 끄덕여 주었어요.

마루 형은 애써 점잔을 빼고 있지만, 오늘 설리 아씨를 볼 생각에 넋을 놓은 게 틀림없어요. 얼마나 얼이 빠졌는지 장터에서 벌어진 활쏘기 대회에서 과녁을 하나도 못 맞혔어요. 평소라면 제일 잘 쏴서 일등 선물을 받았을 텐데 말이에요.

어느덧 저녁이 다가와 길목마다 하나둘 등이 켜지기 시작하고 분위기가 무르익자 절에서 울리는 풍악 소리도 커졌어요. 이제 장안과 절은 수많은 사람들로 북적이면서 밤새 불을 밝힐 거예요. 마루 형이 눈을 반짝이며 말했어요.

"등을 달았을 때 환하면 길조라는데, 오늘 좋은 일이 있겠구나."

밤이 되자 많은 사람이 커다란 용 모양의 등을 받쳐 들고 긴 행렬을 지어 움직였어요. 그 뒤로는 예쁜 모양의 등을 받쳐 든 행렬이 뒤따르고, 그 곁에서는 한지를 꼬아 만든 심지로 불꽃놀이를 즐겼어요. 화약 터지는 소리도 딱딱 들려왔어요.

"대장, 꼭 용이 살아서 꿈틀대는 거 같다!"

종두가 용 모양의 등을 보고 외쳤어요. 마루 형도 눈앞의 풍경에 마음을 빼앗긴 것 같았어요.

그때 마루 형의 눈길이 어딘가에 머물렀어요. 관등놀이가 한창인 절 뒤쪽에 자리 잡은 인자한 얼굴의 불상이었지요. 불상 앞은 꽃과 음식으로 장식되어 있고 사람들이 피우고 간 향 연기가 자욱했어요. 아직도 촛불이 밝게 타고 있는 불상 앞에서 사람들이 조용히 절을 하고 있었어요.

"너는 올해 소원이 무어냐?"

마루 형이 물었어요. 종두는 곰곰이 생각해 보았어요. 그러자 문득 곰방댁 얼굴이 떠올랐어요.

"올해는 키도 더 크고 힘도 더 세져서 아줌니 일을 많이 도와줄 수 있었음 좋겠어."

그 말에 마루 형이 고개를 끄덕였어요.

"그래, 부처님은 착한 아이한테 더 큰 복을 주신다."

하지만 종두는 형의 눈길이 계속 다른 곳에 머물러 있는 걸 보았어요. 그건 불상이 아니라 그 앞에서 만나기로 한 설리 아씨라는 걸 짐작할 수 있었어요.

그때 불상 곁에서 누군가 종두를 향해 손을 흔들었어요. 국희였어요! 반가운 마음에 종두는 마루 형보다 먼저 달려갔어요.

"아씨는? 아씨는?"

국희가 싱긋 웃으며 불상 뒤편을 가리켰지요. 잠시 후 불상 뒤 어둠 속에서 설리 아씨가 달빛을 받으며 나타났어요.

지금껏 종두는 설리 아씨를 한 번도 본 적이 없었어요. 하지만 그 순간 종두는 모든 걸 이해했어요. 왜 마루 형이 설리 아씨를 좋아하게 되었는지를요. 쓰개치마를 벗은 아씨의 얼굴은 연꽃등보다도 환했어요.

마루 형은 서둘러 아씨에게 달려갔지요. 두 사람은 불상 앞에서 손을 맞잡은 채 서로의 얼굴을 바라보았어요. 두 사람의 얼굴이 관등 불빛 아래에서 은은하게 빛났어요.

마루 형과 설리 아씨가 만나 이야기를 나누는 동안, 종두는 국희와 함께 절 마당으로 들어갔어요. 저녁인데도 절은 사람들로 북적였어요. 불을 밝힌 등이 대웅전 앞마당 하늘을 가득 메워 장관을 이루었어요. 종두의 입이 쩍 벌어졌어요.

"우아, 등불 좀 봐! 진짜 예쁘다!"

종두는 사방을 휘둘러보았어요. 그때 절 마당 한쪽에 세워져 있는 탑을 가운데 두고 빙빙빙 돌며 탑돌이를 하는 사람들이 보였어요. 종두는 국희의 소맷자락을 잡아끌며 행렬에 끼어들었어요.

"국희야, 밤새도록 탑돌이를 하면서 소원을 빌면 소원이 이루어진대!"

종두의 말에 국희가 생긋 웃으며 고개를 끄덕였어요.

종두는 탑을 돌며 마음속으로 빌었어요.

'비나이다, 부처님! 키 크게 해 주세요. 힘도 세지도록 해 주시고요. 곰방댁 아줌니가 건강해서 오래오래 국밥 장사를 할 수 있게 해 주세요. 아, 맞다, 마루 형과 설리 아씨도 잘되게 해 주시고요.'

우리 명절 풍속화첩 초파일

음력 4월 8일은 부처님이 태어나신 날이에요.
너그럽고 따뜻한 부처님 미소처럼 절마다 고을마다
아름다운 풍경들이 펼쳐져요.

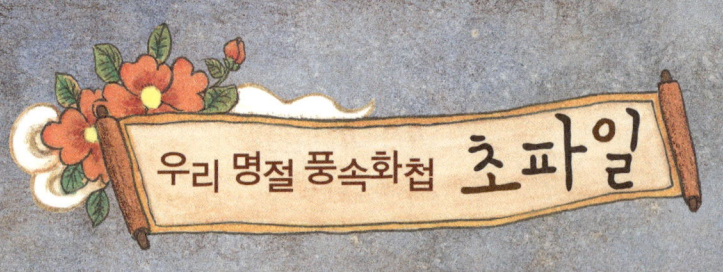

부처님이 태어나신 날
부처님은 불교를 처음으로 세운 분이에요.
사람들은 부처님을 보면서 자비로움과 사랑을
떠올렸어요. 그래서 부처님의 탄생일인 초파일에는
부처님이 계신 절을 찾아가 기도를 올렸지요.

탑돌이
초파일에는 관등놀이 말고도 이렇게
탑을 돌며 기원하는 탑돌이를
했어요. 빙빙 탑을 돌며 부처님께
소원을 빌어요. 이 탑돌이는 여자도
남자도 다 할 수 있었기 때문에 탑을
돌다가 서로 첫눈에 반해 사랑에
빠지는 남녀가 많았대요.

관등놀이

초파일 며칠 전부터 등을 달아 불을 밝혔어요. 등불이 밝을수록 자식들의 일이 잘 풀린다고 여겨서 자녀 수만큼 등을 달았다고 해요.

단오
나비처럼 그네 타고, 씨름판에서 으르렁

"혼사가 얼마 안 남았으니 몸가짐을 조심하거라. 해가 지기 전에는 꼭 돌아와야 한다."

"네, 그럴게요. 어머니."

설리 아씨는 어머니께 인사 드리고 국희와 함께 대문을 나섰어요. 대문이 닫히자 아씨의 얼굴에 밝은 생기가 돌았어요. 신난 국희도 옆에서 깡충깡충 춤을 추었지요.

오늘은 음력 5월 5일 단옷날, 동네 처녀들도 당당히 외출할 수 있는 날이에요. 요즘과 달리 옛날 부녀자들은 외출하기가 쉽지 않았거든요. 하지만 단옷날에는 양반 댁 아씨도, 결혼한 새댁도 큰 제한 없이 대낮 거리를 마음껏 다니며 축제를 즐길 수 있었어요.

단옷날 여자들의 놀이

그네 타기

그네는 앉아서 타는 '앉아서 뛰기'와 서서 타는 '서서 뛰기', 혼자 타는 '외그네 타기'와 둘이 타는 '쌍그네 타기'가 있어요. 여러 번 발을 구르면 그네가 점점 높이 솟는데, 이렇게 높이 솟을수록 그네를 잘 타는 거예요. 그래서 그네를 잘 타는 여자는 그네를 맨 나뭇가지의 나뭇잎을 따서 자랑하기도 했대요.

창포물에 머리 감기

창포는 봄에 흰색이나 분홍색 꽃이 피지요. 단오가 되면 여자들은 창포가 무성한 물가에서 창포 이슬을 받아 얼굴을 단장하고, 창포를 삶아 그 물로 머리를 감았어요. 또 창포 뿌리로 여자들은 비녀를 만들어 머리에 꽂고, 남자들은 칼처럼 허리에 차고 다녔는데, 이렇게 하면 귀신을 물리칠 수 있다고 믿었어요.

설리 아씨와 국희가 도착한 곳은 동리에서 가장 큰 나무가 있는 곳이었어요. 단옷날 여자들은 그네 타기를 가장 많이 즐겼어요. 곧이어 동네 아가씨들이 하나둘씩 모여 사이좋게 그네를 타기 시작했어요. 설리 아씨도 긴 동아줄에 매달린 그네 위에 작은 발을 얹었어요. 아씨가 점점 빨리 발을 구르자 그네가 높이 올라갔어요. 옆에서 구경하던 국희가 짝짝짝 박수를 쳤어요. 아씨의 곱게 땋은 머리채와 주홍빛 치마가 바람에 나풀대기 시작했어요.

풍년을 기원하는 농악과 단오제
단오는 음력 5월 5일이지요. 이 무렵은 무더위가 시작되기 전인 초여름, 모내기를 끝낸 시기예요. 단오가 되면 사람들은 바쁜 농사일을 잠시 접고, 농악과 단오제 같은 다양한 행사를 즐기며 한 해 농사가 잘되기를 기원했어요.

강릉 단오제
단오 전후로 강원도 강릉 지방에서 행하던 마을굿이에요. 풍년을 빌고 재앙을 쫓기 위해서 서낭신에게 굿을 올리며 각종 민속놀이를 즐겼어요.

설리 아씨는 바깥세상이 신기하기만 했어요. 어릴 때에는 부모님을 따라 자주 집 밖에 나갔지만, 혼례를 치를 만큼 나이가 들어서는 별채에 머물러 있는 시간이 많았거든요.

그래서 아씨는 농부들이 어떻게 농사를 짓는지, 명절마다 어떤 놀이를 하는지, 평범한 집의 처녀들은 어떻게 살아가는지가 늘 궁금했어요. 오늘은 단옷날인 만큼 아씨도 주변 풍경을 마음껏 즐길 수 있었어요.

그네 타기를 마친 아씨는 국희와 좀 더 산책을 하기로 했어요. 저만치 떨어진 장터로 가 보니 노래와 춤을 즐기는 사람들이 보였어요. 신나는 꽹과리, 징, 북, 장구 소리도 들려왔지요. 길을 걷던 아씨의 눈길이 이번에는 시장 좌판에 놓인 수리떡에 머물렀어요. **수리떡은 농부들에게 가장 필요한 수레 모양을 본떠 만든 대표적인 단오 음식이에요.** 국희가 장사꾼에게 수리떡 몇 개를 사서 설리 아씨한테 하나를 건넸어요. 두 사람은 쿡쿡대며 몰래 떡을 먹으며 걸었지요.

그때 남자들의 함성이 들렸어요. 국희는 뭔가 생각난 듯이 설리 아

수리떡

단오는 '술의날, 수릿날(戌衣日·水瀨日)'이라고도 하는데 여기서 '술의'와 '수리'는 모두 수레를 뜻해요. 농사를 짓는 사람들에게 수레는 아주 중요한 기구였지요. 그래서 단오 때는 떡도 수레 모양으로 만들어 풍년을 기원했어요.

씨의 손을 잡아끌었어요. 사람들로 둥글게 둘러싸인 가운데 씨름판이 벌어지고 있었어요.

씨름은 두 사람이 몸을 맞대고 힘을 겨루는 경기로, 다양한 기술을 이용해 먼저 상대를 넘어뜨리면 이기게 되지요. 특히 단오에는 커다란 씨름판이 벌어지는데, 마지막까지 이기면 장사가 되어 소 한 마리를 상품으로 받았어요.

씨름판은 한껏 달아올라 있었어요. 그때 어디선가 종두의 목소리가 들렸어요.

"대장! 대장! 뜨거운 맛을 보여 줘!"

국희가 먼저 다가가 보니 마지막으로 씨름을 준비하고 있는 사람은 다름 아닌 마루 형이었어요. 국희가 신나게 달려가 설리 아씨한테 이 사실을 알렸지요.

설리 아씨는 자신도 모르게 장옷 속에 손을 넣어 다시 한번 머리를 곱게 다듬었어요. 오늘 설리 아씨는 일찍 일어나 창포물로 정성 들여 머리를 감고 곱게 빗었지요. 이렇게 창포물로 머리를 감으면 머리카락에 윤기가 흐르고 좋은 냄새가 나거든요. 아씨는 씨름판을 기웃거리며 고개를 쭉 빼고 마루 형의 모습을 눈으로 쫓았어요.

드디어 경기가 시작되어 형이 모래판으로 나섰어요. 상대는 옆 동리에서 힘 좋기로 소문난 더벅머리 총각이에요. 불꽃 같은 한판 대결이 시작되려는 찰나였어요.

"흥, 그 정도 실력으로 나를 이기겠느냐?"

더벅머리가 으름장을 놓았어요.

"길고 짧은 건 대봐야 아는 법이지."

두 사람은 서로의 샅바를 틀어잡고 앉았어요. 심판을 보는 영감님이 등을 찰싹 때리자 두 사람의 힘겨루기가 시작되었어요. 기우뚱기우뚱 씨름판 위에서 네 개의 다리가 힘차게 모래판을 걷어찼어요. 고운 모래가 단옷날 햇살 아래 눈부시게 반짝거렸어요.

단옷날 남자들의 놀이, 씨름

씨름은 남자들이 하는 전통 놀이로, 단오 말고도 명절마다 즐긴 놀이였어요. 두 사람이 마주 앉아 상대편의 샅바를 잡은 뒤, 심판의 명령에 따라 동시에 일어나 힘을 겨루지요. 서로를 들거나 발을 걸고, 또는 밀어뜨리는 등 여러 기술을 쓰는데 상대를 먼저 꺼꾸러뜨리는 사람이 이겨요. 그리고 여러 번 싸워서 이날 장사가 된 사람은 상으로 황소나 광목 같은 걸 받았어요.

종두는 마루 형이 평소 잘하는 다리 걸기 기술로 더벅머리를 넘어뜨리기를 바랐어요. 하지만 더벅머리의 키가 너무 커서 쉽지 않은가 봐요. 어느새 달려온 곰방댁이 목청껏 마루 형을 응원했지요.

"마루야! 장사가 못 되면 집에 돌아올 생각일랑 하지 마라!"

두 사람의 실력이 워낙 팽팽해서 응원하는 사람들도 입이 바짝바짝 말랐어요.

그때였어요. 응원하는 사람들 사이로 국희의 얼굴이 나타났어요. 장옷을 뒤집어쓴 채 까치발을 하고 살포시 얼굴을 내민 설리 아씨도 보였지요. 종두는 너무 놀라 "어버버버!" 하고 말았어요.

그때 마루 형도 설리 아씨를 본 걸까요? 갑자기 끄응 소리를 내더니 형이 번쩍하고 더벅머리를 들어 올렸어요.

"대장! 대장! 조금만 더 힘을 내!"

종두가 풀쩍 뛰어오르며 소리쳤지요. 저 멀리 설리 아씨의 눈이 동그래지는 것도 보였어요. 이어서 형이 더벅머리의 다리를 힘차게 걸어 차더니 쿵 하고 모래판에 넘어뜨렸어요. 씨름판은 온통 함성으로 가득 찼고, 형도 두 팔을 번쩍 들면서 모래판을 한 바퀴 돌았어요.

사람들이 달려와 장사가 된 마루 형을 끌고 씨름판으로 나서자 꽹과리와 북이 울렸어요. 곰방댁도 신이 나서 마루 형 옆에서 덩실덩실 춤을 췄어요. 상으로 주어질 누렁 송아지 한 마리가 모래판으로 나왔어요.

그 틈에 국희가 종두에게 쪼르르 달려왔어요. 국희가 종두의 손에 쥐여 준 것은 두루마기예요. 국희는 누구에게 들킬 새라 금세 사람들 사이로 사라졌지요. 설리 아씨도 벌써 모습을 감추고 보이지 않았어요. 종두는 사람들을 뒤로하고 몰래 두루마기를 펼쳐 보았어요.

이상하게도 그 속에는 편지는 없고 **고운 비단 천으로 싼 부채가 들어 있었어요.** 웬 부채일까 종두는 머리를 긁적거렸어요.

단오 부채

더운 여름이 다가오는 단옷날에는 임금님이 신하들에게 여름 더위를 물리치고 건강하라는 의미로 부채를 내렸는데, 이걸 단오 부채라고 해요. 이를 본받아 백성들도 음력 5월 5일 단오가 되면 '단오선'이라는 부채를 선물하면서 서로의 건강을 빌어 주었지요.

우리 명절 풍속화첩 단오

음력 5월 5일 더운 여름 직전에 찾아오는 단오는 모두에게 단비 같은 휴식이었어요. 마음껏 놀고 즐길 수 있었던 단오! 한번 흥겹게 놀아 볼까요?

씨름

그네 타기가 여자들이 하는 놀이라면 남자들이 하는 놀이 중 하나가 씨름이에요. 단오 씨름판은 다른 명절 때보다 성대하게 펼쳐졌고, 동네와 동네끼리 편을 갈라 붙기도 했어요. 이때 경기에 이겨서 장사가 나온 동네는 온통 축제 분위기로 떠들썩했지요.

그네 타기와 창포물에 머리 감기

단옷날 여자들은 나비처럼 훨훨 그네를 타고, 물가에서는 창포물로 머리를 감았어요. 《춘향전》에서 이 도령이 단옷날 그네 타던 춘향이에게 반해 사랑에 빠졌다는 이야기가 나오지요.

저 하늘에 빛나는
견우직녀 별처럼

"아침부터 뭔 비가 이리 오누."

곰방댁이 처마 밖으로 떨어지는 비를 보며 구시렁댔어요. 국밥집에 설렁탕 고기를 갖다주러 온 백정네 심부름꾼이 웃으며 말했지요.

"오늘이 그 유명한 칠월 칠석 아니오. 견우와 직녀가 만나 한바탕 눈물을 흘리니 이리 비가 오는 게지."

곰방댁은 한숨을 내쉬었어요.

"오늘 날이 맑았으면 좀 좋았겠수. 지난 장마에 묵은 옷이나 말리려 했더니."

그 말에 심부름꾼도 고개를 끄덕였어요.

"그러게 말이오. 양반네들도 묵은 책 내다 말리고, 우리네 같

칠석날 햇볕에 옷 말리기

칠월 칠석에는 비가 내리는 경우가 많아요. 이는 서로를 애타게 그리워하다가 만난 견우와 직녀가 흘리는 눈물 때문이라고 해요. 그렇지만 가끔씩은 비가 안 내리는 날도 있는데, 옛사람들은 이렇게 맑은 날씨의 칠석을 귀하게 여겨서 묵은 옷가지나 책, 살림 도구들을 꺼내 햇살 아래 말렸지요. 이렇게 칠석날 물건들을 말리면 1년 내내 곰팡이가 슬지 않고 깨끗하게 쓸 수 있다고 믿었어요.

은 사람들은 옷이나 곡식을 말리면 좋을 텐데 말이오. 어허, 뭔 사랑이 저리도 애틋한고."

곰방댁은 설렁탕 국물을 휘저으면서 곰곰이 생각했어요. 얼마 전 곰방댁은 이상한 소문을 들었어요. 마루 형이 진사댁 설리 아씨를 좋아한다는 거예요. 놀란 곰방댁은 형 대신 종두를 잡아다가 꼬치꼬치 캐물었어요.

"요 녀석, 나한테 사실을 숨기면 혼날 줄 알아라!"

겁을 먹은 종두는 결국 모든 사실을 곰방댁에게 말해 버렸지요.

곰방댁은 비를 보며 다시 한숨을 내쉬었어요. 곰방댁이 이렇게 걱정하는 데에는 이유가 있었어요. 조선 시대에는 양반과 평민의 신분 차별이 심했어요. 그래서 양반은 양반끼리, 평민은 평민끼리 혼인해야 했어요. 마루 형이 설리 아씨와 편지를 주고받는다는 소문이 퍼지면 동네에서 쫓겨날지도 몰라요.

곰방댁이 또다시 한숨을 푹 내쉬는데 종두가 뛰쳐 들어왔어요. 손에는 까만 깃털 몇 개가 들려 있었어요.

"아줌니, 이것 봐라. 까치랑 까마귀 깃털이다! 산에 가니 많이 떨어져 있더라!"

종두의 얼굴은 마냥 환하기만 했어요. 곰방댁이 종두를 보며 말했어요.

"칠석이 되면 까마귀랑 까치도 옷을 벗느니라. 저어기 위에서 오작교를 만드느라 애써서 그런 게지."

종두는 둘레둘레 하늘을 둘러보다가 빗물에 얼굴을 적시고 말았어요. '에취' 하며 재채기를 하는 종두를 두고 곰방댁이 물었어요.

"그래, 마루는 어디 갔노?"

"아, 대장? 그건 나도 모른다."

종두가 시치미를 뚝 뗐어요. 아마 오늘도 마루 형은 진사댁 담장 너머로 설리 아씨의 기척에 귀를 기울이고 있을 거예요.

오작교

칠석이 다가올 무렵이면 까마귀와 까치의 털갈이가 한창이에요. 조상들은 이러한 현상을 견우와 직녀가 만날 때 까마귀와 까치가 서로의 몸을 이어 두 사람 사이에 다리를 놓아 주기 때문이라고 믿었어요. 두 사람이 까치와 까마귀의 머리를 밟고 지나가 깃털이 빠지는 거라고 말이에요. 이 까마귀와 까치의 다리를 '까마귀 오(烏)', '까치 작(鵲)' 자를 합쳐서 '오작교'라고 해요.

그때였어요. "이리 오너라!" 하는 익숙한 목소리가 들렸어요. 곰방댁과 종두는 그 목소리의 주인이 진사댁 오 서방인 걸 금세 알아챘어요. 곰방댁이 국물을 푸던 국자를 손에 쥐고 밖으로 달려 나갔지요. 오 서방은 '흠흠' 헛기침을 하더니 곰방댁의 얼굴을 살폈어요.

"칠월 칠석 비가 내리니 뜨거운 설렁탕 국물이 그리워서 말이오. 외상 좀 주려나?"

곰방댁이 화를 벌컥 냈어요.

"에이, 이 양반아. 까마귀도 칠월 칠석은 안 잊는다는 속담이 있소. 그래, 그간 빌려 먹은 외상값은 까마귀처럼 잊었단 말이오?"

그러자 오 서방이 도포 자락을 휙 펼치며 의기양양하게 말했어요.

"참, 내 하나만 확인하겠소. 마루 녀석이 우리 아씨를 연모한다는 소문이 있던데 사실이오?"

그 말에 곰방댁이 펄쩍 뛰었어요.

"칠월 칠석 사랑 놀이에 삼촌마저 얼을 뺏겼나? 그게 있을 법한 일이오?"

"아무렴, 그렇고말고. 그게 말이나 되오? 안 그래도 진사 어르신이 소문이 될 법한 일이냐며 역정을 내셨소만."

곰방댁의 똑 부러지는 대답에 오 서방은 만족스러운 얼굴이었어요. 하지만 종두는 기분이 이상했어요. 모든 걸 아는 곰방댁이 시치미를 뚝 잡아떼는 건 왜일까요? 종두는 곰방댁이 의뭉스러웠어요. 그때

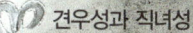
견우성과 직녀성

칠석날 밤하늘에는 유난히 빛나는 별이 두 개 있어요. 은하수를 사이에 두고 마주 보고 있는 견우성과 직녀성이지요. 이 두 별은 견우직녀의 전설에 따라 각각 이름을 붙인 거예요. 서로 마주 보며 기다리는 애타는 사랑이 느껴지는 별이지요.

곰방댁이 부엌으로 들어가면서 힘없이 말했어요.

"청춘 남녀 사랑은 옥황상제도 못 막는다는 말이 있소. 칠월 칠석 저 하늘에 견우성과 직녀성이 뜨지 않소. 사랑은 저 별 같은 거요. 인간의 힘으로 저 별자리를 어떻게 바꾼단 말이오. 암튼 그건 사실이 아니니 진사 어르신께 그리 전하시구랴."

곰방댁의 얼굴은 슬퍼 보였어요. 하지만 안심한 오 서방은 설렁탕

한 그릇을 후룩 먹어 치우고는 싸리문을 나섰어요. 종두는 '후유' 하고 가슴을 쓸어내렸지요.

종두는 오늘 마루 형의 표정이 마음에 걸렸어요. 오늘 새벽 종두는 진사댁 기왓장 아래에 놓인 편지 한 장을 품고 돌아와 형에게 전해 주었어요. 동네에 돌고 있는 소문 때문에 더는 마루 형도 국희도 바깥을 편하게 돌아다닐 수 없었거든요.

그런데 편지를 읽는 형의 얼굴이 점점 슬퍼 보였어요. 편지를 다 읽고 나자 형은 힘없이 고개를 숙이고는 조용히 집 밖으로 사라졌어요.

무슨 일인지 궁금한 종두는 마루 형의 방으로 들어가 보았어요. 마루 형이 방에 아씨의 편지를 놓아두는 비밀 장소를 알고 있었거든요. 그곳은 바로 형이 가장 아끼는 장구였어요. 형은 이 장구를 아주 좋아해서 누구든 손도 못 대게 했지요. 종두도 장구를 엄청 좋아하는데 말이에요.

종두는 몰래 방에 들어가서 문을 잠근 뒤 주위를 살펴보았어요. 형에게 들키면 꿀밤을 열 대는 맞을 테니까요. 아무도 없는 걸 확인하고 나서야 종두는 형의 장구 속에 쓱 하고 손을 넣어 보았어요. 역시 편지가 차곡차곡 쌓여 있었어요.

종두는 맨 위에 놓인 초록색 비단 편지를 열어 보았어요. 설리 아씨의 단정한 글씨가 보였어요. 그걸 읽는 종두의 얼굴이 점점 일그러졌어요. 거기에는 이렇게 쓰여 있었지요.

저는 올가을에 시집을 가야 합니다.
아버님께서 이 사실을 아시면
우리 두 사람 다 곤란한 상황에 빠질 거예요.
이 편지는 마지막으로 쓰는 편지입니다.
더는 편지를 보내지 마세요.
저 하늘에 빛나는 견우성 직녀성처럼
영원히 당신을 그리워하며 살겠습니다.

종두는 시무룩해졌어요. 이내 편지를 덮고는 엉엉 울고 말았어요.

우리 명절 풍속화첩 칠석

음력 7월 7일 칠석에는 견우와 직녀의 애타는 사랑 이야기가 전해져요. 농사일이 한가해진 때인 칠석날에는 장마에 눅눅해진 옷과 책 등을 말리고 새로운 것들을 맛보며 즐겼어요.

옷과 책 말리기

장마철 동안 눅눅했던 옷과 책을 내어 말리는 풍속이 있어요. 칠석날 비가 오지 않으면 집집마다 내어 말리는 옷과 책으로 마당이 그득했대요.

길쌈놀이

전설에 직녀는 베 짜는 일을 했다고 해요. 베는 우리 조상들이 주로 입던 옷을 만드는 옷감이지요. 긴 베틀에 길게 뽑은 실을 걸어 놓고 세로 실과 가로 실을 한 번씩 번갈아 엮어 주면 베가 완성돼요. 옛날에는 여자들이 이렇게 베를 짜서 가족들의 옷을 해 입혔지요. 칠석날에는 여자들이 길쌈을 더 잘할 수 있도록 직녀성에 비는 풍속이 있어요.

소 키우기

전설에 견우는 소를 모는 목동이었어요. 예로부터 소는 농사일을 도와주는 가장 귀중한 가축이었지요. 그래서 이 소를 잘 먹이고 키워서 훌륭한 일소로 만들어 내는 일이 중요했어요. 소를 중시했던 조상들은 견우성에 제사를 지내며 소가 잘 자라기를 기원했어요.

호박전과 밀전병

칠석날에는 호박도래전, 밀전병, 밀국수 등의 음식을 만들어 먹었어요.

차례상에서 넙죽!
송편 같은 복도 와르르!

들판마다 곡식이 누렇게 익어 가는 계절이에요. '5월 농부 8월 신선'이라는 말이 있어요. 5월에는 한 해 농사를 준비하느라 땀 흘리며 힘들게 일하지만, 8월에는 한 해 농사가 다 마무리되니 신선처럼 지낼 수 있다는 뜻이지요.

이렇게 곡식이 익어 가는 계절에 찾아오는 큰 명절이 바로 '한가위'라고 불리는 명절 중의 명절, 추석이에요.

설리 아씨가 사는 진사댁에도 추석이 찾아왔어요. 진사댁은 온통 차례 준비로 분주했어요. 오늘 설리 아씨는 평소보다 곱게 한복을 차려입었어요. 추석에는 햅쌀로 송편을 빚고 햇과일을 장만하여 조상님께 차례를 지내는 날이거든요.

예쁜 댕기를 드리우고 고운 치마저고리를 입고도 아씨는 왠지 슬퍼 보였어요. 국희는 설리 아씨를 즐겁게 해 주려고 예쁜 꽃을 꺾어 왔지만, 아씨는 짙은 속눈썹을 내리깔고 웃지 않았어요.

이윽고 가족들이 모두 모이자 차례가 시작되었어요. 차례는 '차(茶)를 올리면서 드리는 예(禮)'라는 뜻으로 조상님께 계절이나 해가 바뀌는 걸 알리고 복을 기원하는 의례로 이른 아침에 지내요.

추석 차례

차례는 설날에도 지내지만 추석에도 지내요. 설 차례는 해가 바뀌는 첫날에 첫 음식을 올리는 의례이고, 추석 차례는 농사를 지은 햇곡식과 햇과일로 조상님께 인사를 올리고 복을 비는 의례이지요. 설날에 먹는 대표적인 음식이 떡국이라면 추석의 대표 음식은 송편이에요. 추석 전날 만들어 차례상에 올린 다음 가족과 친척, 이웃끼리 나누어 먹지요.

오후 무렵이 돼서 손님들이 찾아오자 사랑채가 시끌벅적해졌어요.

"설리야, 어르신께 인사 올리거라."

아버지의 부름을 받고 설리 아씨는 안채로 들어갔어요. 진사댁과 혼인 약속을 한 정승댁 최 대감이 와 있었어요. 곧 설리 아씨의 시아버지가 되실 분이지요. 설리 아씨는 흐뭇한 미소를 짓는 최 대감께 큰절을 올렸어요.

설리 아씨가 최 대감을 만나 인사를 하고 있을 무렵, 얼렁뚱땅 국밥집에는 마루 형과 종두, 곰방댁 세 사람이 조촐하게 추석을 보내고 있었어요.

곰방댁이 커다란 솥뚜껑을 열자 흰 김이 무럭무럭 피어올랐어요. 종두와 마루 형은 와아 함성을 질렀지요. 코끝에 기분 좋은 소나무 향이 솔솔 올라왔어요. 솥 안에는 삐죽삐죽 튀어나온 솔잎들 사이로 동글동글 빚어진 먹음직스런 송편들이 보였어요.

"나는 깨가 든 걸 먹을 테야."

"나는 콩 든 게 좋아."

"가리지 말고 먹어야지."

종두, 마루 형, 곰방댁은 한마디씩 하면서 따끈따끈한 송편을 서로 집어 들었어요.

오늘만큼은 곰방댁도 아침과 낮 장사를 쉬었어요. 추석에는 곰방댁도 차례를 지내거든요. 차례를 마치고 송편도 먹고, 햇과일도 잊지

송편 만드는 법

송편은 가족끼리 옹기종기 둘러앉아 즐겁게 이야기를 나누며 만들어야 제격이에요. 쌀가루를 뜨거운 물에 살짝 익힌 다음 녹두나 깨, 콩, 밤, 고구마, 대추, 계핏가루 같은 맛있는 재료들을 넣어 둥글게 빚지요. 이렇게 송편 안에 넣는 재료를 '소'라고 해요. 내가 골라잡은 송편은 어떤 소가 들었을까 궁금해하면서 먹으면 더 맛있지요.

1. 쌀가루 익반죽하기
2. 다양한 '소' 집어넣기
3. 예쁘게 빚기
4. 솔잎을 넣어 찌기
5. 참기름 바르기

않고 챙겨 먹었어요. 곰방댁이 금방 깎은 배와 사과를 종두와 마루 형에게 건넸어요.

"추석에는 가난한 사람도 부자도 배불리 먹는 날이니, 가을 하늘님 은덕은 모두가 골고루 가지는 게야."

종두와 마루 형은 근심 걱정을 모두 내려놓은 채 대청마루에 쏟아지는 가을 햇살을 즐겼어요. 곧 마을에서는 신나는 추석 놀이가 펼쳐질 거예요.

추석 음식을 먹고 나자 종두는 마루 형의 강강술래 준비를 돕기 시작했어요. 추석 때는 여러 놀이가 펼쳐지지만 그중에서도 가장 중요한 놀이가 강강술래였어요. 마루 형은 동네에서 가장 실력 있는 소리꾼이라 오늘 강강술래 놀이에서 노래를 부를 거예요.

마을 공터에 사람들이 삼삼오오 모이면서 시끌벅적했어요. 모두들 서로 손을 맞잡고 둥그렇게 원을 만들었지요. 대부분은 처녀들과 아낙들이고 남자들은 함께 노래를 부르며 장단을 맞추어요.

"종두야, 너도 어서 오너라."

곰방댁이 손짓을 해서 종두를 불렀어요. 종두는 키가 작아 어디에도 못 끼고 있다가 얼른 곰방댁 옆에 섰지요.

빙글빙글 원을 그리며 모두들 노래를 부르기 시작했어요. 목소리 좋은 마루 형이 앞장서서 노래를 부르면 나머지 사람들이 "강~강~술~래, 강~강~술~래!" 하고 후렴 부분을 따라 불렀어요.

달 떠 온다 달 떠 온다 우리 마을에 달 떠 온다
강강술래 강강술래
푸릇푸릇 봄배추는 이슬 오기를 기다린다
강강술래 강강술래

 달을 닮은 놀이, 강강술래

강강술래는 서로 손을 잡고 둥근 원을 그리며 노래하고 춤을 추는 전통 놀이예요. 우리 조상들은 보름달을 좋아해서 보름달이 뜨는 명절에는 강강술래를 즐겼다고 해요. 보름달이 풍요를 뜻한다고 생각했거든요.

또 원을 그리며 놀 때 목청 좋은 사람이 먼저 노래를 시작하면, 다른 사람들이 뒷부분을 따라 부르며 '강강술래' 하고 합창해요. 처음에는 느린 가락으로 노래 부르며 원을 돌다가 점점 빨라지지요.

밭 가는 데 워낭 소리 우리 벗님 어디 가고
춘추 단절 못 오신다
강강술래 강강술래
하늘에는 별이 총총 대밭에는 대가 총총
강강술래 강강술래

저녁 무렵 시작된 강강술래는 달이 높이 떠오를 때까지 계속되었어요. 사람들의 노랫소리가 마을 전체에 널리 퍼졌어요. 추석날은 누구나 밤늦게까지 노래를 부르고 춤을 추는 날이라 아무도 시끄럽다고 화내지 않았어요.

설리 아씨도 먼 곳에서 들려오는 노랫소리를 듣고 있었어요. 그 속에는 이따금 마루 형의 목소리도 담겨 있었지요.

설리 아씨는 당장 달려 나가 사람들과 어울리고 싶었어요. 하지만 그럴 수 없었지요. 설리 아씨는 슬펐지만 한편으론 행복했어요. 밖으로 나가 함께 뛰놀 수 없으니 슬펐지만, 마루 형의 목소리라도 들을 수 있으니 행복했어요.

"국희야, 저 달 좀 보렴. 정말로 쟁반을 닮은 둥근달이구나."

설리 아씨의 말에 국희도 고개를 끄덕이며 목을 쭉 빼서 밤하늘을 올려다보았지요. 커다란 둥근달이 둥실 떠 있었어요. 설리 아씨는 그 달 속에서 활짝 웃는 마루 형의 얼굴을 보았어요.

"달님, 달님, 내 그리운 마음을 전해 주세요."
설리 아씨는 달을 향해 고운 미소를 지었어요.

우리 명절 풍속화첩 추석

'더도 말고 덜도 말고 한가위만 같아라!' 하는 속담이 있듯이 음력 8월 15일 추석은 아이 어른 할 것 없이 모두가 즐기는 큰 명절이에요!

강강술래

강강술래는 둥글게 둥글게 원을 그리며 뛰는 놀이예요. 손에 손을 맞잡고 만든 둥근 원 모양이 꼭 달을 닮았지요. 여자들이 많이 하는 놀이였지만 동네 사람들이 다 같이 손을 잡고 뛰기도 했어요.

소싸움

뿔이 멋지게 난 소들도 으르렁 힘차게 돌진해요. 소를 중요시했던 우리 조상들은 때로 힘 좋은 소를 골라 소싸움 놀이를 했지요. 뿔로 힘을 겨루면서 밀고 당기다가 상대 소를 지치게 만들면 이겨요.

닭싸움

꼬꼬댁 닭들이 싸움을 해요. 벼슬도 부리도 멋진 수탉들이지요. 닭싸움은 날카로운 발톱과 부리로 닭들이 서로를 쪼고 싸워서 승부를 가리는 전통 놀이예요. 우리 조상들은 추석이 되면 다들 튼튼하게 길러 놓은 닭을 데리고 나와 닭싸움 놀이를 즐겼어요.

어이, 물렀거라!
팥죽대장 나가신다

이른 아침 얼렁뚱땅 국밥집의 아궁이 위에는 큰 솥이 끓고 있었어요. 곰방댁은 추운 겨울인데도 소매를 걷어붙이고 얼굴이 시뻘겋게 달아올랐어요. 커다란 나무 주걱으로 솥 바닥을 휘휘 젓는 곰방댁의 이마에 땀방울이 송골송골 맺혔어요.

"아줌니, 냄새가 구수한 게 좋소이다!"

일찍 일어난 마루 형과 종두가 눈을 비비며 부엌으로 걸어 들어왔어요. 곰방댁이 이마의 땀을 닦으면서 말했어요.

"색깔이 예쁜 붉은색으로 나와야 할 텐데."

끙끙대며 솥을 젓는 곰방댁이 안쓰러워서 마루 형이 얼른 달려가 주걱을 받아 힘차게 젓기 시작했어요. 솥 안에는 붉은 팥죽이 끓고 있

달콤 고소한 동지 음식, 팥죽

동지에 먹는 대표 음식은 팥죽이에요. 예로부터 우리 조상들은 귀신이 붉은색을 싫어한다고 생각했어요. 붉은색은 밝은 태양의 색이라서 음지의 귀신들이 무서워한다고 생각했거든요. 팥죽은 팥을 오래 삶은 뒤에 물을 부어 낱알이 잘 퍼질 때까지 끓여요. 동지 팥죽에는 찹쌀을 동그랗게 빚어 떡처럼 만든 새알심이라는 걸 넣어요. 이때 그릇에 담는 새알심 수는 먹는 사람의 나이와 같게 하지요.

었어요.

팥죽 끓이기는 동짓날의 가장 큰 행사 중에 하나예요. 동지는 '작은 설'이라고 부를 만큼 중요한 명절로, 일 년 중에 밤이 가장 긴 날이지요. 동지가 지나면 하루하루 낮이 길어져서 '동지 지난 지 열흘이면 해가 노루 꼬리만큼 길어진다.'라는 속담도 있어요.

"올 한 해 나쁜 역병도, 나쁜 운수도 쉬이 쉬이 물러가라고 끓이는 팥죽이니 너도 많이 묵어라."

마루 형이 싱긋 웃으며 대꾸했어요.

"아줌니, 제 걱정은 마세요. 이렇게 젊고 튼튼한데 뭔 걱정이에요."

"젊고 튼튼할수록 귀신들이 더 좋아하는 법이야."

그 말에 종두는 고개를 움츠렸어요. 무서운 귀신이 어흥 하고 달려와 뒷덜미를 낚아챌 것만 같았어요.

곧이어 솥에서 팥죽이 펄펄 끓었어요. 구수한 냄새를 맡은 종두가 신이 나서 그릇부터 가져와 덥석 내밀었지요.

"아줌니, 나 한 그릇만!"

그 말에 마루 형이 종두의 손등을 찰싹 때렸어요.

"어허, 동지 팥죽을 먹는 데는 다 순서가 있느니라. 가장 먼저 조상님께 팥죽을 올리고, 집 안 구석구석에 고루 담아 놓은 후에 그제야 우리들이 먹는 게야. 게다가 지금 이 팥죽은 오늘 손님들께 대접할 음식이니 넌 좀 기다리거라."

그 말에 종두는 잠시 시무룩해졌지만 조금만 기다리면 맛있는 팥죽을 먹을 수 있다니 꾹 참았어요.

곰방댁은 가장 먼저 퍼 담은 팥죽 그릇들을 국밥집에 딸린 방과 부엌, 곳간의 구석에 놓아두었어요. 그런 뒤 대문으로 가더니 '쉬이, 쉬이' 하면서 문간에 팥죽을 뿌리는 게 아니겠어요? 깜짝 놀란 종두가 소리쳤어요.

"아, 아줌니는 왜 아까운 팥죽을 문간에 뿌리나?"

마루 형이 웃으며 설명해 주었어요.

"잘 쑤어진 팥죽을 문간에 뿌리면 귀신들이 대문 안으로 들어오지 못하고 무서워서 달아나기 때문이지."

"아니 그럼, 귀신보다 팥죽이 더 무섭기라도 하단 말이야? 팥죽이 얼마나 달콤하고 구수하니 맛 좋은데."

동지 팥죽의 유래

《동국세시기》라는 옛날 책을 보면 '중국 진나라에 공공씨(共工氏)의 말썽쟁이 아들이 동짓날에 죽어 역질 귀신이 되었는데 붉은 팥을 무서워하기 때문에 동짓날 붉은 팥죽을 쑤어 그를 물리친다.'라는 기록이 나와요. 역질이라 불리는 천연두는 지금은 금방 치료가 되지만 옛날에는 걸리면 꼼짝없이 죽는 병이었지요. 마을 사람들이 역질에 걸릴 것을 걱정한 공공씨는 아들이 생전에 무서워했던 팥으로 죽을 끓여서 대문과 마당, 집 안 구석구석에 뿌렸대요. 그러자 귀신이 되어 집으로 찾아왔던 공공씨의 아들은 놀라서 달아나 버렸다고 해요.

"허허, 너처럼 먹보 귀신이라면 팥죽을 좋아하겠지! 허나 옛날 책을 보면, 역질 귀신이 붉은 팥을 무서워하기 때문에 동짓날 붉게 팥죽을 쑤어 역질 귀신을 물리친다는 말이 나오느니라. 그러니 대문간에 팥죽을 뿌리는 것은 역질 귀신을 막기 위함이지."

팥죽을 뿌리고 난 곰방댁은 빈 그릇을 들고 돌아와 종두와 마루형에게도 팥죽을 한 그릇씩 듬뿍 퍼 주었어요.

"올 한 해 무사히 지냈으니 다가오는 해에도 건강하거라."

달콤한 맛에 종두는 금방 기분이 좋아졌어요. 게다가 팥죽 안에 든 동글동글한 새알심이 얼마나 고소한지요.

그날 오후 얼렁뚱땅 국밥집에는 온통 팥죽을 먹으려는 손님들로 북적댔어요.

"이번 동지는 애동지가 아니라 다행이구나. 이렇게 맛있는 팥죽을 먹을 수 있다니."

"그러게 말일세. 작년에 팥죽을 못 먹어 얼마나 서운했다고."

모두들 올해는 동지에 팥죽을 먹을 수 있어서 다행이라는 얼굴이었어요. 동지는 양력 12월 22일이나 23일경인데 대부분 음력 11월에 찾아와요. 하지만 가끔 음력 11월 10일이 채 되기 전에 동지가 찾아올 때가 있어요. 이때 드는 동지를 '애동지'라고 하는데, 애동지 때 팥죽을 끓여 먹으면 아이들이 아프다고 생각해서 팥떡으로 만족해야 했지요.

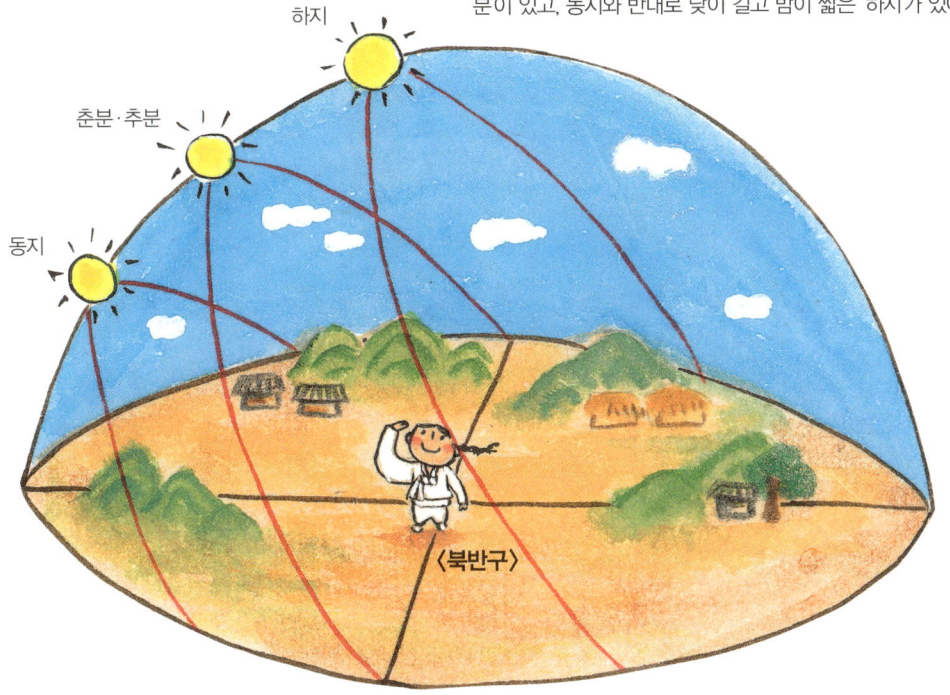

이분이지(二分二至) 중의 하나인 동지

동지는 1년 중에 밤이 가장 긴 날이에요. 이와 비슷하게 낮과 밤의 길이로 절기를 나눈 것을 '이분이지'라고 해요. 이분이지에는 동지 말고도 밤과 낮의 길이가 꼭 같은 봄 무렵의 '춘분', 가을 무렵의 '추분'이 있고, 동지와 반대로 낮이 길고 밤이 짧은 '하지'가 있어요.

종두는 팥죽을 두 그릇이나 먹고 신이 났는데, 마루 형은 좀 쓸쓸한 얼굴이었어요. 겨울이 다가와서 국밥집 마당의 나뭇잎들이 다 떨어진 걸 한참이나 바라보고 있었지요.

추석이 지난 늦가을에 설리 아씨는 이웃 마을로 시집을 갔어요. 마루 형은 혼례 행렬을 먼발치에서 지켜보았어요. 그날 형은 몸을 흔들거리며 멀리 떠나가는 설리 아씨의 가마를 하염없이 바라보았지요.

손님들이 뜸해진 저녁이 되자 곰방댁은 방 안에 호롱불을 밝혔어요. 마지막 손님이 가고 나면 곰방댁은 바느질을 하고, 마루 형은 지푸라기로 짚신을 만들 거예요. 종두는 그 옆에서 얌전히 글공부를 하거나 형의 피리를 가지고 놀 거고요.

그런데 오늘은 이상해요. 곰방댁의 바느질감도 산더미고, 마루 형이 짚신을 만들 지푸라기도 평소보다 많았어요. 궁금해진 종두가 물었어요.

"오늘은 무슨 날이기에 이렇게 바느질감이랑 지푸라기가 많지?"
그러자 마루 형이 대답했지요.
"오늘은 밤이 긴 날 아니냐. 그러니 긴 밤 그리움을 견디려면 일거리라도 많아야지. 예전에 황진이라는 여인이 동지와 관련해서 이런 시를 지었느니라."

동짓달 기나긴 밤을 한 허리 베어 내어
춘풍 이불 아래 서리서리 넣었다가
어른님 오신 날 밤이거든
굽이굽이 펴리라

마루 형이 시조를 읊자 곰방댁이 호호 웃었어요.
"옳거니, 밤이 긴 날이니 외로움도 더 길 수밖에. 오늘 너하고 나하고 긴긴밤, 일이나 해치우자꾸나."
"아줌니 덕에 올 한 해 짚신은 오늘 다 삼겠소이다."

마루 형의 웃는 모습에 종두는 안심했어요.

기쁨도 슬픔도 낮과 밤처럼 번갈아 오는 것이에요. 밤이 가면 새벽이 찾아오는 것처럼 언젠가 마루 형의 슬픔도 사라지겠지요.

우리 명절 풍속화첩 동지

북반구에서 태양이 동지점을 통과하는 때인
양력 12월 22일이나 23일경에 찾아오는
동지는 한 해 중에 밤이 가장 길어요.
하지만 맛난 팥죽이 있으니 긴긴밤도
심심하지 않아요!

액땜

동지가 되면 동네방네 대문간에 팥죽을
발랐어요. 귀신이 붉은색을 무서워해서 붉은
팥죽을 발라 두면 놀라서 도망간대요. 이렇게
귀신과 나쁜 일을 쫓는 것을 '액땜'이라고 해요.

팥죽 끓이기

동짓날 아침에는 집집마다 아궁이에 커다란 무쇠솥을 걸어 놓고 뜨끈뜨끈한 팥죽을 끓였어요. 계속 저어 주지 않으면 눌어붙고 타기 때문에 커다란 나무 주걱으로 자주 저어야 하지요. 죽이 다 끓으면 집 안 가득 구수한 냄새가 퍼져요.

섣달그믐

한 해 툭툭 털고,
먼지도 툭툭 털고

"아줌니, 한 해 동안 고생 많으셨어요. 내년에는 더 열심히 효도할게요."

종두가 곰방댁에게 넙죽 절을 올렸어요. 종두의 절을 받은 곰방댁이 흐뭇하게 웃었어요.

"옜다, 세뱃값은 여기 있다. 우리 종두 얼른 크거라."

곰방댁이 속바지 주머니에서 엽전 몇 닢을 꺼내 종두의 손에 쥐여 주었어요. 종두는 신이 나서 폴짝폴짝 뛰고, 마루 형도 그런 종두를 웃으면서 바라보았어요.

오늘은 섣달그믐, 음력으로 한 해의 마지막 날이에요. 흔히 세배는 새해에만 하는 줄 알고 있는데 이렇게 섣달그믐에도 세배를 해요. 설날에 하는 세배는 한 해 처음 하는 인사이고, 섣달그믐에 하는 세배는 한 해의 마무리 인사인 셈이지요. 그래서 섣달그믐에 하는 세배를 '묵은세배'라고 불러요.

세뱃돈을 챙긴 종두는 막 놀러 나가려다가 마루 형에게 덜미를 잡혔어요. 마루 형이 종두에게 내민 건 큼지막한 싸리비였어요.

섣달그믐에 하는 집 안 청소

섣달그믐에 하는 가장 큰 행사는 뭐니 뭐니 해도 집 안 청소예요. 한 해를 정리하려면 그 해의 먼지들을 툭툭 털어야 하는 거지요. 이날은 집 안을 털고 닦는 일뿐만 아니라 묵은 빨래도 모두 해치우고, 바느질거리도 깨끗하게 해 놓고 새해를 맞이했어요. 섣달그믐에 집 안 구석구석 먼지나 때가 끼어 있으면 나쁜 액운을 몰고 오는 귀신이 붙어서 한 해 내내 운이 좋지 않다고 믿었어요.

"요놈, 세뱃돈도 받았으니 값을 해야지. 마당 좀 쓸어라."
"에에, 대장. 한 해 마지막 날까지 일해야 하나?"
"어허, 오늘 섣달그믐에 청소를 안 하면 새해에는 한 해 내내 온 집 안에 귀신이 들끓는다."

그 말에 종두는 펄쩍 뛰었어요. 귀신이라면 이불 속에 코를 박고 무서워하는 종두에게 이만큼 효과 좋은 협박이 또 있겠어요?

하지만 마루 형의 말이 거짓말은 아니에요. 섣달그믐이 되면 동네 사람들 모두가 집 안의 먼지를 털고 쓸고 닦으며 깨끗이 청소를 해요. 나쁜 기억은 털고 새해에는 집 안에 액운이 깃들지 못하도록 치르는 행사예요.

종두가 저만치 내다보니 이웃 삼돌이네도 청소가 한창이에요. 모두들 오래 두거나 쓸모없는 물건을 거두어 내고 살림살이들을 반짝반짝 윤이 나게 닦고 있었지요.

그때 누군가 싸리문 너머에서 "곰방대액~." 하고 불렀어요. 이제 막 빨래를 하려던 곰방댁이 고개를 비죽 들었지요. 가만 보니 이웃의 순자 엄마예요. 순자 엄마는 손에 뚝배기를 들고 와서는 함박웃음을 지었어요.

"곰방댁, 뚝배기 참으로 고마웠수. 덕분에 잘 썼수."

그 말에 곰방댁도 환한 미소로 화답했어요.

"언제든지 필요하면 오시구랴."

그런데 웬일이에요. 순자 엄마가 다녀간 뒤로도 몇 번이나 다른 이웃들이 이것저것 물건을 들고 찾아왔어요.

"후유, 곰방댁 덕분에 내가 살았소."

"곰방댁 물건들은 곰방댁을 닮아서 튼튼하더이다."

마루에 쌓인 물건들을 보니 낡은 바구니, 뚝배기, 빨랫방망이, 주걱, 지게 작대기, 한 되씩 빌려 간 쌀이나 콩도 있었어요. 인심 좋기로

빌린 물건이나 빚은 꼭 갚아요!

'섣달그믐에는 나갔던 빗자루도 집 찾아온다.'라는 속담이 있어요. 섣달그믐은 한 해를 깔끔하게 마무리하는 날이라서 빚이나 빌린 물건은 되돌려 주었지요. 만일 이때 빚이나 물건을 돌려받지 못하면 정월 대보름까지는 꼼짝없이 받을 수 없었대요. 그래서 이날은 서로 빚을 갚거나 받으러 다니는 발길로 분주했다고 해요.

소문난 곰방댁은 물건도 곡식도 잘 빌려줘서 급한 이웃들이 종종 물건을 빌리러 왔거든요.

"우아, 이게 다 뭐야?"

종두가 놀라서 물었어요. 마루 형이 물건을 제자리에 부려 놓으며 말했어요.

"섣달그믐에는 한 해 동안 빌린 빚과 물건을 깔끔히 갚아야 탈이 없는 법이지. 올해 나도 너한테 빚진 게 있으니 이따 밤에 갚아 주마."

마루 형이 눈을 찡긋하며 웃었어요. 종두는 그게 설리 아씨 일이라는 걸 알았어요. 그래서 함께 눈을 찡긋하며 웃었지요.

종두는 마루 형이 다시 활기차고 멋있는 모습으로 돌아와서 다행이라고 생각했어요. 비록 슬픈 일도 기쁜 일도 많은 한 해였지만, 오늘만큼은 기쁜 기억은 남겨 두고 슬픈 기억은 툭툭 털어 버리는 날이니까요.

종두가 마루 형을 도와 마당과 마루 청소를 하는데 누군가 또 "이리 오너라!" 하고 불렀어요. 익숙한 목소리다 싶었더니 역시 진사댁 오 서방이에요.

"저 양반은 섣달그믐까지 나를 괴롭히누."

곰방댁이 앞치마에 손을 닦으며 혀를 쯧쯧 찼어요. 그런데 이상하게도 오 서방은 오늘따라 꽤 점잖아 보였어요. 예전처럼 '헹' 소리를 내면서 코를 풀지도 않고 거만하게 도포 자락을 펄럭이지도 않았지요.

"거참, 곰방댁. 올 한 해 고마웠소이다."

해가 서쪽에서 뜨려는 걸까요? 오 서방이 손을 내밀자 그 손바닥에 엽전 한 뭉치가 떡하니 놓여 있었어요. 곰방댁도, 종두도, 마루 형도, 수군수군 지켜보던 국밥집 손님들도 눈이 휘둥그레졌지요.

"올 한 해 빚진 설렁탕 값, 오늘 갚겠소이다!"

오 서방이 껄껄껄 웃어 젖히자 곰방댁도 마지못해 웃고 말았지요.

"오 서방은 새해 설날이 아니라 묵은 설날에 철이 드나 보오."

그 말에 국밥집 사람들 모두 껄껄껄 웃었지요.

그날 밤 곰방댁과 종두, 마루 형은 편안한 시간을 보냈어요. 이 밤만 지나면 새해가 시작될 거예요. 온종일 청소하느라 피곤했던 종두는 금방 꾸벅꾸벅 졸기 시작했어요. 그걸 본 곰방댁이 종두의 귀를 잡아당겼어요.

"아서라, 오늘 잠들면 눈썹이 하얗게 세느니."

종두는 잠이 들면 눈썹이 하얗게 센다는 말에 놀라서 벌떡 일어났어요. 하지만 쏟아지는 졸음을 어쩔 수는 없었어요. 그때 집 안 불 밝히기를 마친 마루 형이 방에 들어왔어요.

"집 안 구석구석을 잘 밝혀 두었으니 올 한 해는 문제없소."

마루 형의 호언장담에 곰방댁도 안심하는 눈치였어요. 두 사람의 대화에 아랑곳없이 종두의 고개가 뚝 떨어지는 찰나, 갑자기 '떵' 하는 소리가 들렸어요. 종두는 그게 장구 소리라는 걸 금방 알아차리고 눈을 번쩍 떴어요.

"장구다! 장구!"

잠에서 깨어난 종두가 박수를 쳤어요. 마루 형이 장구를 종두에게 안겨 주었어요.

"그래, 올 한 해 종두가 나를 도와주었으니 빚을 갚아야지. 이 장

아이도 어른도 밤을 지새우는 섣달그믐

섣달그믐에는 '수세(守歲)'라는 풍속이 있어요. 밤이 되어도 방과 마당, 부엌, 곳간, 변소까지 집 안 구석구석에 등불을 밝혀 놓고 밤을 새우는 것이지요. 이렇게 사람들이 밤을 새우면 잡귀들이 집 안으로 들어오지 못하거든요. 그런데 이날 밤 깜빡 졸거나 잠이 들면 눈썹이 하얗게 세 버린다고 해요. 그래서 이날은 가족끼리 밤새도록 윷놀이나 이런저런 이야기를 나누면서 밤을 지새웠어요.

구는 오늘부터 종두 네 것이니라."

그 말에 종두는 벌떡 일어나 폴짝폴짝 춤을 추었지요.

"대장! 정말이지? 정말인 거지?"

"아무렴. 곧 다가올 새해부터 열심히 연습해서 좋은 놀이꾼이 되어야 한다."

그 말에 곰방댁도 맞장구를 쳤어요.

"아무렴, 우리 종두가 마루만 못하려고!"

신이 난 종두는 장구를 메고 뜰로 나가 뚱땅뚱땅 치기 시작했어요. 조용하던 그믐밤이 신나는 장구 소리로 가득 찼지요. 열심히 연습하면 내년에는 마루 형만큼 신명 나는 놀이꾼이 될 수 있을 거라는 생각에 종두의 가슴이 희망으로 부풀어 올랐어요.

우리 명절 풍속화첩 섣달그믐

섣달그믐은 음력으로 한 해의 마지막 날인 12월 30일을 뜻해요.
이날은 묵은해를 보내고, 새해를 맞이하기 위해 꼭 밤을 새워야 하지요.

등불 밝히기

집 안 곳곳에 밤새 불을 켜 두면 광명이 비쳐서 복이 들어오고 잡귀를 쫓는다고 해요. 개를 키우는 집에서는 섣달그믐에 불을 밝혀 두면 새해에 개가 잘 큰다고 믿었어요.

섣달그믐에 즐기는 놀이

긴긴 겨울밤을 새우자니 심심했던 우리 조상들은 섣달그믐 밤을 새울 때면 여러 가지 놀이를 했어요. 윷도 던지면서 놀고, 둘러앉아 이야기도 하고, 때로는 책도 읽었지요. 그러다가 까무룩 잠이 들면 몰래 눈썹에 밀가루나 쌀가루를 발라서 다음 날 "거 봐라, 섣달그믐에 잠을 자니 눈썹이 셌지." 하고 놀리기도 했대요.

한눈에 펼쳐 보는 전통문화 명절 풍경 가을·겨울

칠석

음력 7월 7일 칠석에는 견우와 직녀의 애타는 사랑 이야기가 전해져요. 농사일이 한가해진 때인 칠석날에는 장마에 눅눅해진 옷과 책 등을 말리고 새로운 것들을 맛보며 즐겼어요.

추석

'더도 말고 덜도 말고 한가위만 같아라!' 하는 속담이 있듯이 음력 8월 15일 추석은 아이 어른 할 것 없이 모두가 즐기는 큰 명절이에요!

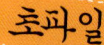

음력 4월 8일은 부처님이 태어나신 날이에요. 너그럽고 따뜻한 부처님 미소처럼 절마다 고을마다 아름다운 풍경들이 펼쳐져요.

. 한식은 동지에서 105일째 되는 날로
와요. 한식에는 불을 소중히 여겼던
요.

단오

음력 5월 5일. 더운 여름 직전에 찾아오는 단오는 모두에게 단비 같은 휴식이었어요. 마음껏 놀고 즐길 수 있었던 단오! 한번 흥겹게 놀아 볼까요?

한눈에 펼쳐 보는 전통문화 명절 풍경 봄·여름

설날

음력 1월 1일은 묵은해를 보내고 새로운 해를 맞이하는 우리 민족 최대의 명절 설날! 세배도 하고, 맛난 음식도 먹고, 온종일 즐거운 일만 가득해요.

한식

차가운 밥과 국을 먹는 날 한식 양력 4월 5일이나 6일쯤에 찾 우리 민족의 전통이 담겨 있어

정월 대보름

음력 1월 15일, 새해 첫 보름달이 떠오르는 대보름날에는 둥근달 아래 온 세상이 환하게 빛나지요. 너도나도 달맞이를 하며 소원을 빌어요.

동지

북반구에서 태양이 동지점을 통과하는 때인 양력 12월 22일이나 23일경에 찾아오는 동지는 한 해 중에 밤이 가장 길어요. 하지만 맛난 팥죽이 있으니 긴긴밤도 심심하지 않아요!

섣달그믐

섣달그믐은 음력으로 한 해의 마지막 날인 12월 30일을 뜻해요. 이날은 묵은해를 보내고, 새해를 맞이하기 위해 꼭 밤을 새워야 하지요.